Dein Baby
zeigt Dir den Weg

Magda Gerber

Dein Baby
zeigt Dir den Weg

Übersetzung aus dem Amerikanischen von
Peter Brandenburg

Mit Kindern wachsen
Verlag

Originaltitel: Dear Parent – Caring for Infants with Respect
by Magda Gerber, edited by Joan Weaver

Copyright © 1998 by Magda Gerber
Copyright © der deutschen Ausgabe: 2000,
Mit Kindern wachsen Verlag, Freiamt
Published by arrangement with
Resources for Infant Educarers (RIE), 1550 Murray Circle,
Los Angeles, CA 90026, USA

Titelfoto: Irén Csatári, mit freundlicher Genehmigung der Pikler-
Lóczy Gesellschaft für Kleinkinder, Budapest

Bearbeitung: Sonja Welker
Lektorat: Martina Klose
Druck und Verarbeitung: Clausen & Bosse, Leck

ISBN 3-933020-11-5
ISBN 3-924195-62-5

Inhaltsverzeichnis

Der RIE-Ansatz zu Disziplin

Vom Baby zum Kleinkind

Kindererziehung und andere Berufe

Antworten auf grundsätzliche Fragen

Berichte von RIE-Eltern

Anhang

Vorwort

Wer soll bestimmen? Die Eltern oder das Kind? Es gibt Eltern, die fühlen sich für ihr Kind so verantwortlich, dass sie glauben, sie müssten zu seinem Wohl immer und über alles bestimmen. Sie möchten dem Kind alles beibringen, und versuchen, seine körperlichen Bedürfnisse nach ihrem eigenen Dafürhalten zu befriedigen. Sie sehen das Kind als ein ausschliessliches Produkt ihrer Erziehung, das sich ohne sie weder entwickeln noch gedeihen würde.

Die andere extreme Erziehungshaltung besteht darin, dem Kind alle Freiheiten zu geben. Diese Eltern möchten das Kind in seiner Entwicklung möglichst nicht einschränken. Das Kind wird durch diese Haltung überfordert, fühlt sich unwohl und kann für die Eltern sehr schwierig werden.

Eine kindgerechte Erziehungshaltung liegt zwischen diesen beiden Extrempositionen: Wenn das Kind kompetent ist, soll es bestimmen, und wenn es nicht kompetent ist, müssen die Eltern die Verantwortung übernehmen. Eine solche Einstellung zum Kind setzt voraus, dass die Eltern das Kind zu „lesen" verstehen. Aufmerksamkeit für und Achtung vor dem Kind sind dazu notwendig. Zwei erzieherische Grundhaltungen, denen Magda Gerber in ihrem Buch grosse Beachtung schenkt. Dazu gehört auch die Gewissheit, dass sich das Kind aus sich heraus entwickeln will. Das Kind ist so angelegt, dass es eigenständig Erfahrungen machen und verinnerlichen möchte. Damit verbunden sind immer auch Fehlschläge und Umwege, welche die Eltern ihrem Kind weder ersparen können noch sollen, gehören diese doch zu jedem normalen Lernprozess. Die Eltern fördern also das Kind nicht, indem sie über das Kind bestimmen und in seine Aktivitäten eingreifen, oder aber es sich selbst überlassen. Sie beobachten vielmehr das Kind, um herauszufinden, welche

Erfahrungen das Kind machen möchte, und ermöglichen ihm diejenigen Erfahrungen, die für seine Entwicklung sinnvoll sind.

Dem Kind Sicherheit geben, es echte Zuwendung und wahrhaftiges Interesse an seiner Person spüren lassen: Diese Erziehungshaltung beschreibt Magda Gerber in ihrem Buch auf wunderbare Weise. Ihre Anschauung beruht auf Prinzipien, die sie als langjährige Mitarbeiterin von Emmi Pikler in Budapest übernommen und danach in den USA während vielen Jahren weiterentwickelt hat. Ihre Ausführungen sind für Eltern sehr gut verständlich und damit auch im Alltag umsetzbar.

Zürich, im Juli 2000
Remo H. Largo

Zum Geleit

Immer mehr Eltern entdecken, welch große Hilfe Emmi Piklers Vorschlag für sie und ihre Kinder bedeutet, Säuglingen und Kleinkindern die Möglichkeit zu geben, sich aus eigener Initiative bei ihrer Bewegung im freien Spiel auf immer neue Abenteuer einzulassen, dabei zu lernen und ihre Fähigkeiten zu erweitern.

Auf den ersten Blick ist es ein unscheinbarer, einfacher Vorschlag, doch er verändert und bereichert das Bild, das Erwachsene im Allgemeinen von Säuglingen haben und er vertieft die Beziehung zwischen Eltern und Kindern. Neben der Liebe erscheint und verstärkt sich die Beachtung des Kindes im Alltag, der Respekt ihm gegenüber und das daraus sich entwickelnde Miteinander, die Fähigkeit zur Kooperation.

Der Erfahrung nach sind die in diesem Sinne aufwachsenden Kinder der Welt offen zugewandt, interessiert, kooperativ und ausgeglichen. Das Zusammensein mit dem Kind ist friedlicher. Die Eltern erleben diese Lebenserleichterung wie eine befreiende Freude.

Während ein Kind heranwächst, ergeben sich jedoch für Eltern immer neue Fragen, sie stehen immer wieder vor schwierigen Situationen, in denen sie entscheiden müssen, Konflikte möchten sie so gut wie möglich lösen... Eltern, die auf diese Weise mit ihren Kindern zusammen leben, suchen auf ihre Fragen auch ähnlich gesinnte Antworten.

Magda Gerber gibt in ihrem Buch solche Antworten. Sie hat in Ungarn bei Emmi Pikler gelernt. Seit Jahrzehnten setzt sie sich in Los Angeles für eine Kleinkindpädagogik ein, die sich an den Erkenntnissen Emmi Piklers orientiert. Generationen von Eltern in ihrem Umkreis haben inzwischen ihre Kinder von diesen Ideen geleitet aufwachsen lassen. Auch Erzieherinnen (von ihr Educarers genannt, weil sie im Sinne Emmi Piklers besonderen Wert auf die Pflege legt) hat sie ausgebildet, die dieses Wissen an Eltern mit Kleinkindern weitergeben. Dies geschieht überwiegend in Kleingruppen von Eltern mit Säuglingen oder Kindern im zweiten Lebensjahr; Eltern, die mit ihren kleinen Kindern oft etliche Stunden fahren, um an den RIE-Gruppen teilnehmen zu können, in denen Magda Gerber sie auf dem Weg begleitet, ihr Kind zu „entdecken". Sie hilft ihnen zu erkennen, welchen Wert das ruhige Beobachten des Säuglings – während er sich in einer geeigneten Umgebung selbstständig bewegt und spielt – für das Kind wie für die Eltern hat.

Wie ich bei einem Besuch erlebt habe, ist das am Anfang nicht leicht für die Eltern, sie müssen dazu die Angewohnheit, ihr Baby und Kleinkind ständig zu stimulieren und zu beschäftigen, die in den USA schon zur Tradition geworden ist, aufgeben.

Nach der Beobachtung der Kinder in den Gruppen antwortet Magda Gerber auf zahlreiche Fragen der Eltern.

Dieses Buch veröffentlicht den Gehalt der mündlichen wie der schriftlichen Beratung von mehreren Jahrzehnten. Magda Gerbers Antworten sind einfach, unmittelbar und treffend formuliert. Die Ausstrahlung ihrer Persönlichkeit ist auch aus dem Buch zu spüren; sie wird von ihren Schülern und Schülerinnen, deren Anzahl mit den Jahren immer größer wurde, sehr geliebt.

Ich wünsche dem Buch, daß es auch im deutschsprachigen Raum einem großen Interesse begegnen wird.

Budapest, im August 2000
Anna Tardos

Vorbemerkung der Autorin

Ich erinnere mich immer noch an meine erste Reaktion nach der Geburt meiner Tochter. Ich war erstaunt, wie schwer es war, Mutter zu sein. Ich war wütend. Warum hatte mich niemand hierauf vorbereitet? Ich hatte das Gefühl, die einzige zu sein, die nicht weiss, wie sie mit einem Baby umgehen soll, und irgendwie hatte man bei meiner Erziehung vergessen, es mir zu sagen. Kommt Ihnen das bekannt vor?

Elternsein ist eine äußerst schwierige Aufgabe, auf die man sich nicht wirklich vorbereiten kann. Können wir sie leichter machen? Meine Antwort lautet Ja.

Wie? – indem wir nicht versuchen, das Unmögliche zu tun, und dabei das versäumen, was auf der Hand liegt.

Erfreuen Sie sich mehr an Ihrem Baby, arbeiten Sie weniger

Beim RIE (Abkürzung des Institutsnamens: Resources for Infant Educarers) fordern wir Eltern dazu auf, sich in Ruhe und gelassen ihrem Baby zuzuwenden, ihm zuzuschauen und sich an dem zu freuen, was das Baby gerade tut, und dabei neue Fähigkeiten wahrzunehmen und sich daran zu freuen, wie es sich auf natürliche Weise entwickelt.

Die Aufgabe der Eltern besteht darin, für eine sichere und zuverlässige Umgebung zu sorgen. Sie müssen ein Gespür für die sich verändernden Bedürfnisse ihres Kindes entwickeln; das Kind muss ihre fürsorgliche Präsenz spüren. Aber sie müssen ihm nichts beibringen. Sie brauchen nicht mehr Dinge zu kaufen. Die Eltern und ihr Kind können einfach da sein und sich aneinander freuen, während sich ihre Beziehung entwickelt.

Das Irreführende daran ist, dass es so leicht klingt. Aber das ist es nicht, und zwar weil wir in unserer Gesellschaft mit Botschaften bombardiert werden, die uns dazu auffordern, dieses zu kaufen und den Kindern jenes beizubringen.

Wie beeindruckend eine Philosophie der Kleinkinderziehung klingen mag, sie in Situationen des Alltags anzuwenden ist etwas völlig anderes. Es fällt schwer zu glauben, dass man zu besseren Eltern werden kann, indem man einfach nur dasitzt und schaut. Unser Motto ist jedoch: „Beobachte mehr, tue weniger." Wenn wir Eltern dazu auffordern, diese andere Art Eltern zu sein anzunehmen, verlangen wir eine Menge.

Wenn ich Eltern berate, dann beziehe ich Prinzipien ein, die von Frau Dr. Emmi Pikler angewendet wurden, neben solchen, die ich selbst entwickelt habe. Ich gebe Information und Eltern nehmen sie an, wenn sie dazu bereit sind. Ich gebe mein Wissen und meine Erfahrungen in der Hoffnung weiter, dass Sie vielleicht versuchen werden, ein paar dieser Ideen umzusetzen, und dass Sie es auch dann weiter versuchen werden, wenn der neue Ansatz nicht sofort zu wunderbaren Ergebnissen führt (obwohl es das manchmal gibt).

Verstehen, Einsicht, Langzeitlernen

Beim RIE sähen wir gerne Samen. Wir möchten eine Orientierung anbieten, wie Sie durch die vielen sich widersprechenden und verwirrenden Ratschläge, die auf Sie als Eltern zukommen, durchfinden können; wie es ist, mit einem Neugeborenen zu leben; wie Sie ihre räumliche Umgebung vorbereiten können, was Sie kaufen sollten und was Sie nicht unbedingt kaufen sollten. Wir sprechen darüber, was man von einem Neugeborenen und einem Säugling erwarten kann und wie das Unmögliche möglich werden kann: auf die Bedürfnisse eines Neugeborenen einzugehen, ohne dass Sie sich selbst dabei vollkommen verausgaben. Wir schauen darauf, wie man einen Dialog entwickeln kann; wie man auf ein schreiendes Baby eingehen kann, auf Ihre Rolle, die Rolle des Babys usw. Wir helfen Eltern zu verstehen, wie ein Baby lernt zu vertrauen, wie es Fertigkeiten und Kompetenzen entwickelt und wie man die Eigenschaften kennen lernt, die bei jedem Baby einzigartig sind. Wir sprechen darüber, wie Sie Ihrem Baby Ihre Erwartungen mitteilen können, und auch darüber, worin diese Erwartungen, offene und verdeckte, bestehen.

---

*   *Educaring* ist eine Verbindung der Worte „education" (Erziehung) und „care" (Pflege).

Zusammenfassend gesagt, pflanzen wir „Samen dafür, dass Eltern Vertrauen haben".

Mein Ziel ist, dass Sie wirklich verstehen, was ich meine. Dann können Sie annehmen, was Ihnen gefällt, und ablehnen, was Ihnen nicht gefällt. Aber das ist genau das, was so schwierig ist, das Verstehen.

Es ist leicht, Rat zu geben, aber wenn guter Rat funktionieren würde, dann wären wir alle vollkommen. Ich erwarte nicht, dass Sie oder andere Eltern übermenschlich sind. Ich hoffe einfach, dass die Prinzipien des RIE langsam zu einem Teil Ihres Bewusstseins, Ihres Denkens und Ihres Handelns werden und dass sie Ihnen schließlich, wenn Sie sie sich wirklich zu Eigen gemacht haben, als Ihre eigenen inneren Maßstäbe dienen werden. Diese inneren Maßstäbe können Sie immer dann, wenn Sie in ungeeignete oder alte Verhaltensweisen geraten, sanft daran erinnern, es „noch einmal zu versuchen", was bedeutet, das nächste Mal mit ein wenig mehr Geduld, Einfühlung und Empfindsamkeit anwesend zu sein.

Was wir zu vermitteln versuchen, ist die Qualität der Erfahrung – eine Art, in Beziehung zu treten, die in allen Altersstufen von Nutzen sein kann. Auf lange Sicht ist es unser Ziel, Eltern dabei zu unterstützen, dass sie lernen, mit ihren Säuglingen und später mit ihren älteren Kindern zu leben und sie leben zu lassen. Eine solche Einsicht kann nicht „gelehrt" werden. Langzeitlernen ist ein langsamer Prozess. Er muss sich auf eine organische Weise einstellen – es braucht Zeit, in der die Samen unseres Verstehens sprießen, wachsen, blühen und Früchte tragen können.

Und besonders für Eltern, die ein Kind erwarten, möchte ich hinzufügen: Ich bin mir bewusst, dass Sie jetzt mit der Geburt Ihres Babys beschäftigt sind, und alles, was danach kommt, Ihnen vielleicht fern und unerreichbar erscheint. Dies ist jedoch die ideale Zeit, um sich mit einigen grundlegenden Ideen des RIE vertraut zu machen. Wenn Sie Eltern fragen würden, die erst später von dem Ansatz des RIE erfahren haben, dann würden sie Ihnen sagen, wie viel leichter es ist, gute Gewohnheiten von Anfang an zu entwickeln, als später „ungeeignete" Gewohnheiten aufzulösen und zu verändern.

Kleinkinder mit neuen Augen sehen

Obwohl es viele Organisationen, Kurse und Veröffentlichungen gibt, die die Erziehung von Kleinkindern verbessern wollen, glauben wir, dass sich die Art und Weise, wie wir am RIE das Kind sehen, von ihnen unterscheidet.

Ich hoffe, dass Eltern, die dieses Buch lesen, diese Unterschiede wertschätzen, wenn sie sehen, wie Kinder sich entwickeln und lernen, wenn sie sich ihrem eigenen Rhythmus entsprechend und auf ihre eigene Weise bewegen dürfen. Ich hoffe, dass Eltern den Glauben aufgeben, dass ihre Kinder motorische Fertigkeiten nicht früh genug oder nicht gut genug entwickeln, wenn sie ihnen nicht helfen oder sie sie ihnen nicht beibringen. Ich hoffe, Eltern werden lernen, sich in Ruhe ihrem Baby zuzuwenden und ihm zuzuschauen, und sich daran freuen, wenn sie sehen, wie dauernd neue Wunder geschehen. Ich hoffe Kinder werden mit weniger Angst, mit mehr Selbstvertrauen und in größerer Sicherheit aufwachsen.

Wenn etwas von dieser Angst, der Wut und der Frustration vermieden werden könnte, könnte sich das vielleicht auf unsere von Angst und Aggressivität geprägte Gesellschaft auswirken? Hoffen wir das!

Einleitung

Educaring: die Bedürfnisse von Kleinkindern und Eltern erfüllen

Was brauchen Kleinkinder wirklich, und wie können Eltern diese Bedürfnisse erkennen und erfüllen? Und was brauchen Eltern und wie können sie ihre eigenen Bedürfnisse erkennen und erfüllen?

Wenn Sie mit einigen grundlegenden Gedanken und Prinzipien des RIE vertraut werden, kann das Ihre schwierige Aufgabe als Eltern um einiges leichter und angenehmer machen. Der Ansatz des RIE ist überraschend einfach und entspricht dem gesunden Menschenverstand. (RIE wird „rai" ausgesprochen.)

Die Art und Weise, wie wir einen Säugling pflegen, ist von größter Bedeutung für seine Entwicklung und prägt sein ganzes weiteres Leben.

Um dies zu betonen habe ich die Worte „Educarer" und „Educaring" geprägt, die unsere Philosophie beschreiben.*

Die Grundlage des Ansatzes von RIE: Respekt

Wir respektieren Babys nicht nur, wir zeigen ihnen unseren Respekt jedesmal, wenn wir mit ihnen zu tun haben. Ein Kind respektieren bedeutet auch den kleinsten Säugling als einen einzigartigen Menschen zu behandeln und nicht als ein Objekt.

Beim RIE zeigen wir zum Beispiel Respekt, indem wir ein Kind nicht hochnehmen, ohne es ihm vorher zu sagen, indem wir direkt zu ihm sprechen und nicht über es hinweg und auf die Antwort oder Reaktion des Kindes warten. Solch eine respektvolle Haltung trägt dazu bei, dass sich ein Kind zu einem authentischen Menschen entwickeln kann.

Unser Ziel: ein authentisches Kind

Ein authentisches Kind ist ein Kind, das sich sicher, autonom und kompetent fühlt.

Wenn wir einem Kind helfen, sich sicher und wertgeschätzt zu fühlen, und ihm das Gefühl geben, „jemand ist tief und wahrhaft an mir interessiert", durch die Art und Weise, wie wir einfach zuschauen und zuhören, dann beeinflussen wir die ganze Persönlichkeit des Kindes und die Weise, wie es das Leben sieht.

Vertrauen in die Kompetenz des Kindes

Wir haben das Grundvertrauen in das Kind, dass es ein Initiator ist, dass es ein Forscher ist, den es dazu drängt, das zu lernen, wofür er bereit ist.

Aufgrund dieses Vertrauens geben wir dem Kind nur so viel Hilfe, wie nötig ist, dass es sich daran freuen kann, seine eigenen Handlungen zu meistern.

Sensible Beobachtung

Unsere Methode ist die Beobachtung, die von Respekt für die Kompetenz des Kindes geleitet ist. Wir beobachten sorgfältig, um die Kommunikation des Kindes und seine Bedürfnisse zu verstehen.

Je mehr wir beobachten, umso mehr verstehen und schätzen wir die enorme Menge und Geschwindigkeit des Lernens, das während der ersten zwei oder drei Lebensjahre geschieht. Wir werden bescheidener, bringen den Kindern weniger bei und stellen stattdessen eine Umgebung, die Lernen ermöglicht, zur Verfügung.

Bei der Pflege: das Kind einbeziehen

Während der Pflege (Wickeln, Stillen oder Füttern, Baden, Anziehen usw.) ermutigen wir auch das kleinste Kind dazu, ein aktiver Teilnehmer zu werden statt eines passiven Empfängers dieser Aktivitäten. Wenn Eltern während der Zeit, die sie mit dem Kind verbringen, mit ganzem Herzen mit ihm zusammen sind, schaffen sie so Gelegenheiten für Interaktion, Kooperation, Intimität und Freude aneinander.

Durch solche angenehmen Erfahrungen bei ihrer Pflege, die nicht in Eile geschieht, sind die Kinder „gesättigt" und mit nur einem Minimum an Interventionen durch Erwachsene bereit, ihre Umgebung zu erforschen.

Eine sichere, anregende, zuverlässige Umgebung

Unsere Aufgabe besteht darin, eine Umgebung zu schaffen, in der ein Kind all die Dinge am besten tun kann, die es von Natur aus tun möchte. Je zuverlässiger eine Umgebung ist, umso leichter ist es für Babys zu lernen.

Wenn Kinder ihren Bewegungsradius erweitern, dann brauchen sie sicheren, angemessenen Raum, in dem sie sich bewegen können. Ihre natürliche, angeborene Lust sich zu bewegen sollte von der Umgebung nicht behindert werden.

Zeit für nicht unterbrochenes Spielen und Freiheit zu erforschen

Wir geben dem Kind eine Menge Zeit für ein Spielen, das nicht unterbrochen wird. Statt zu versuchen, Babys neue Fertigkeiten beizubringen, wertschätzen und bewundern wir das, was sie gerade tun.

Verlässlichkeit

Wir setzen klar definierte Grenzen und vermitteln dem Kind unsere Erwartung, um so einen verlässlichen Rahmen zu schaffen, der dem Kind hilft, sich zu orientieren.

Educaring: ein sicherer Anfang

Beim RIE lernen Eltern, wie Rhythmen von Kind und Familie sich zu zuverlässigen Gewohnheiten entwickeln und wie man sich an der gemeinsamen Zeit und der Zeit, in der man für sich ist, freuen kann.

Wenn Sie sich mit unseren Grundprinzipien identifizieren und ihnen zustimmen, können Sie sie nutzen, um innere Maßstäbe dafür zu entwickeln, wie Sie den vielen irritierenden Themen des Elternseins begegnen können.

Unser Ansatz

Zeiten der Pflege:
mit voller Aufmerksamkeit
beisammen sein

Was ein Kleinkind braucht – was jeder Mensch möchte – ist die Erfahrung der vollen ungeteilten Aufmerksamkeit von Vater oder Mutter oder einem anderen Menschen, der für das Kind von Bedeutung ist. Aber niemand kann immer ganz aufmerksam sein.

Die natürliche Gelegenheit, mit ganzem Herzen mit ihrem Kind zusammen zu sein, ist die Zeit, die sie ohnehin zusammen verbringen – wenn sie Ihr Baby versorgen. Nehmen Sie diese Zeiten der „Pflege" als etwas ganz Besonderes, als die Zeit des „Auftankens" für Sie beide – Zeit für intimes Zusammensein.

Stellen Sie das Telefon ab, wenn Sie vorhaben, Ihr Baby zu stillen, zu füttern, zu baden oder zu wickeln, und sagen Sie Ihrem Kind: „Ich werde das Telefon abstellen, damit uns niemand stört, denn ich möchte jetzt wirklich nur mit dir zusammen sein." (Wenn Sie das sagen, bestärken Sie auch sich selbst.)

„Kommen Sie zur Ruhe" in Ihrem Kopf und „kommen Sie zur Ruhe" in Ihrem Körper – seien Sie ganz da und für diese bestimmte Zeit nur an Ihrem Kind interessiert. Ich glaube, dass es für jedes Kind heilsam ist, wenn es dieses echte Interesse spürt.

Wenn die Zeit der Pflege für Sie eine besondere Qualität bekommt, werden Sie dadurch auch mehr Zeit haben, die Sie zusammen genießen können, und es wird Ihrem Kind das Gefühl vermitteln, dass Sie ihre gemeinsame Zeit wertschätzen, womit Sie Ihr Kind in seinem Wert als Person bestätigen. Nach solch intimen Momenten wird Ihr Kind eher Freude daran haben, allein auf Forschungsreise zu gehen, wenn Sie eine entsprechende Umgebung dafür vorbereitet haben.

Die folgenden Richtlinien sind mit der Absicht formuliert, alle Aktivitäten der Pflege angenehm, zu einer Zeit mit besonderer Qualität und reich an unschätzbaren Lernerfahrungen zu machen:

- **Bereiten Sie alles vor.** Schauen Sie, dass alle Dinge, die Sie brauchen, bereit sind, bevor Sie auf das Kind zugehen, damit Sie nicht nach einer Windel, einem Löffel, einem Handtuch oder einem Kleidungsstück suchen müssen, was dann die Kontinuität Ihres Zusammenseins unterbrechen würde.

- **Beobachten Sie, was das Kind tut.** Wenn es in einer Aktivität versunken ist, unterbrechen Sie es nicht, sondern warten Sie auf den passenden Moment, um auf es zuzugehen.

- **Erklären Sie Ihrem Kind, was Sie tun werden.** Damit kann man in der frühen Säuglingszeit bei allen Interaktionen beginnen. Obwohl das Kind Ihre Worte zuerst nicht versteht, wird es bald anfangen, Ihre Laute und den Klang Ihrer Stimme mit Ihren Gesten und Handlungen zu assoziieren, und seine Vorfreude auf eine angenehme Zeit, die es gemeinsam mit seinen Eltern verbringen wird, wird wachsen.

- **Sprechen Sie mit dem Kind.** Wenn Sie einmal die Aufmerksamkeit des Kindes geweckt haben, dann sagen Sie ihm, dass Sie etwas zusammen machen wollen. Nehmen Sie ihm Spielzeug oder andere Dinge sanft aus der Hand, erklären Sie, was Sie tun, und sagen Sie ihm, dass Sie es jetzt aufnehmen möchten. Strecken Sie Ihre Arme aus und warten Sie auf eine Reaktion. Nehmen Sie Ihr Kind nicht unerwartet oder von hinten hoch. Beginnen Sie damit auch schon bei sehr kleinen Kindern, die zuerst vielleicht noch keine sichtbare Reaktion zeigen. Es hilft, einen Stil wechselseitiger Kommunikation zu fördern, der das Kind respektvoll mit einbezieht.

- **Erklären und zeigen Sie Ihrem Kind Schritt für Schritt, was Sie tun.** Erlauben Sie Ihrem Kind, dem Prozess zu folgen und sich an ihm zu beteiligen: Blickkontakt aufzunehmen, Ihr Gesicht zu studieren, sich zu artikulieren, Spiele anzuregen, Ihren Handlungen zu folgen und auf Sie zu reagieren, und erlauben Sie sich, auf das Kind zu reagieren.

- **Werden Sie langsam.** Damit Ihr Baby Zeit hat, wirklich teilzunehmen, sollte alles, was Sie tun, „verlangsamt werden".

- **Versuchen Sie, ganz aufmerksam dabei zu sein.** Immer wenn Sie
  mit der Pflege beschäftigt sind, tun Sie es absolut mit voller Aufmerksamkeit. Wenn Sie die ganze Zeit nur mit halber Aufmerksamkeit dabei sind, dann ist das nie die volle Aufmerksamkeit.
  Babys sind dann immer halb hungrig nach Aufmerksamkeit. Aber
  wenn Sie einen Teil der Zeit ganz aufmerksam sind, dann ist das
  schon sehr viel. Folgendes würde ich empfehlen: Verbringen Sie
  eine intensive Zeit mit Ihrem Kind zusammen und schauen Sie,
  ob es dann bereit ist, eine Weile für sich zu sein.

Diese Richtlinien sind allgemein, aber wenn Ihr Kind heranreift, werden
sie sehen, dass Sie sich immer wieder an das Alter und die Entwicklungsstufe Ihres Kindes anpassen müssen. Es wird notwendig werden,
dass Sie ein Gefühl für Ihren eigenen Interaktionsstil bekommen und
sensibel für Ihre jeweils unterschiedlichen Persönlichkeiten werden. Die
sozialen Interaktionen von Kind und Eltern sind voll von Unerwartetem,
voller neuer Freuden und neuer Herausforderungen.

*Von Anfang an haben wir versucht, Julia vorher wissen zu lassen, was
wir mit ihr tun wollten, bevor wir es dann taten. Obwohl wir an die
Bedeutsamkeit einer respektvollen Beziehung mit Julia glaubten, hatten wir die Kraft dieser Art Kommunikation nicht erwartet. Wir lernten schnell, dass Worte nicht unser einziges Mittel waren, Julia mitzuteilen, was als Nächstes kam. Ein Klopfen an ihre Tür, eine Berührung ihrer Hand oder ihres Fußes, Augenkontakt oder die Bewegung
unserer Hände vermittelten Julia eine Botschaft. Wenn die Botschaft
langsam ankam und einer Handlung unmittelbar vorherging, dann
fing sie an, unsere nächste Bewegung oder Handlung vorwegzuneh-
men.*

*Julias Empfänglichkeit für unsere Mitteilungen wäre nicht mög-
lich gewesen, wenn wir ihr nicht Zeit gegeben hätten zu reagieren.
Wir waren beide entschlossen, Magdas Rat zu befolgen und mit Julia
langsamer zu werden, aber zuerst war uns nicht klar, wie langsam
„langsam" sein würde. Auch wenn wir dachten, wir wären langsam,
sah Julia manchmal ein bisschen durcheinander aus. Wenn wir unser
„langsames Tempo" dann langsamer machten, beruhigte sie sich und
war wieder ganz bei der Sache.*

*Die Wirkung respektvoller Kommunikation wurde bei gewohnten
Handlungen am spürbarsten. Wenn wir Julia zum Beispiel umziehen
wollten, machten wir das ganz bewusst und ließen sie jeden einzelnen*

Schritt wissen. Bevor wir ihren Arm durch einen Ärmel schoben, berührten wir sie und sagten ihr in einfachen Worten, was nun geschehen würde. Während der ersten Wochen schaute sie zur Seite, wenn sie umgezogen wurde, aber trotzdem war sie anscheinend aufmerksam. Dann fing sie an, uns während des Umziehens anzuschauen, und beobachtete jede unserer Handlungen.

Bald fing sie an, mit kleinen Bewegungen teilzunehmen. Sie hob einen Arm, wenn es Zeit war, ihn aus einem Ärmel zu ziehen. Julias wachsendes Interesse und ihre Beteiligung beim Umziehen machte dies zu einem der schönsten Momente mit ihr. Auch wenn sie zerstreut war, beruhigte sie sich und wurde aufmerksam, wenn einer von uns sie zu dem Tisch brachte, wo sie umgezogen wurde. Ihre Großmutter, die Julia zum ersten Mal sah, als sie neun Wochen alt war, bemerkte, dass sie noch nie ein Baby gesehen habe, das so viel Freude zeigte, wenn es umgezogen wurde. Einmal, als Julia ziemlich aufgeregt war, schlug ihre Großmutter im Spass vor, sie umzuziehen, um ihr zu helfen, sich zu beruhigen. Und tatsächlich, sobald einer von uns Julia hatte wissen lassen, dass wir sie zum Tisch zum Umziehen bringen wollten, wurde sie ruhig und aufmerksam.

Respektvolle Kommunikation hat auch zur Freude ihrer Mutter Mimi am Stillen beigetragen. Wenn es Zeit wurde, die Seiten zu wechseln, sagte Mimi immer zu Julia, dass sie ihr Saugen an der Brust unterbrechen würde, wartete ein paar Momente und berührte dann leicht mit ihrem Finger Julias Lippen. Nach ein paar Wochen fing Julia an, sich von allein von der Brust zu lösen, wenn Mimi ihr sagte, es sei Zeit, die Seiten zu wechseln.

Der Rahmen, den ich vorgestellt habe, ist offen genug, in seiner Struktur Raum zu lassen, damit Sie mit Ihrem Kind wachsen, improvisieren, spontan auf unerwartetes Verhalten reagieren und auf Ihr Kind als Individuum eingestellt und seiner bewusst bleiben können. Dieser „personalisierte" Ansatz der Pflege unterstützt die Entwicklung von Selbstvertrauen, von Körperbewusstheit und von sozialer Aufmerksamkeit und die Fähigkeit eines Kindes zu antworten. Er ermutigt ein Kind auch bei dem schwierigen, aber entscheidenden und aufregenden Ringen um Autonomie.

Ein Kind, dem erlaubt wird, aktiv am Prozess seiner Pflege teilzunehmen, wird ermutigt, ein selbstständiges Kind zu sein, das sich seiner Bedürfnisse bewusst ist und sich für deren Befriedigung einsetzt, wenn es älter wird.

Über Lehren und Lernen

Ein Kleinkind lernt immer. Beim RIE glauben wir, dass Babys nichts bei-gebracht werden sollte, weil dies gewöhnlich das Lernen behindert. Je weniger wir in den natürlichen Prozess des Lernens eingreifen, umso mehr können wir beobachten, wie viel Kinder die ganze Zeit von sich aus lernen.

Kleinkinder lernen ständig, indem sie aufnehmen, herausfinden, ent-decken, integrieren und die wirkliche Welt um sich herum organisieren. Wissen, das auf diese Weise gewonnen wird, wird ihnen in ihrem täg-lichen Leben am besten dienen.

Wenn Menschen nur dem Plan der Natur vertrauen würden, nach dem Babys geschaffen werden, dann könnten sie sich entspannen und sich an all den täglichen Wundern ihrer natürlichen Entwicklung erfreu-en.

Was sollte man lehren? Warum?

Eltern sind die ersten und die wichtigsten Lehrer ihrer Kinder. Ich weiß auch, wie sehr Eltern durch Bücher, Zeitungsartikel, das Fernsehen oder durch andere Eltern unter Druck geraten, etwas zu tun, um Lernen bei ihren Kindern zu stimulieren.

Wir sind der Überzeugung, dass Kinder immer tun, was sie tun kön-nen, was sie tun wollen, was sie von innen her drängt zu tun. Wie kön-nen Erwachsene es wagen zu glauben, sie wüssten, was ein Kind in einem bestimmten Augenblick zu lernen bereit ist?

Die meisten Menschen wollen Kindern beibringen, was sie sowieso wissen oder lernen würden. Lernen durchschnittliche, normale Kinder in einer durchschnittlichen Umgebung, die „gut genug" ist, nicht etwas über Farben, über Formen, über Ein und Aus? Warum sollte man es ihnen beibringen, wenn sie diese Dinge ebenso gut in einer alltäglichen Umgebung mit aufmerksamen Eltern lernen? Jean Piaget hat es schön ausgedrückt: „Wenn Sie einem Kind etwas beibringen, dann nehmen Sie ihm für immer die Chance, es selbst zu entdecken."

Wann immer Sie ein Kind davon abhalten zu tun, was es von Natur aus tun könnte und würde, dann sagen Sie dem Kind meiner Ansicht nach: „Ich weiß, was gut für dich ist." Aber Sie, der Erwachsene, wissen es nicht. Zum Beispiel gehen die meisten Kinder (nicht alle), wenn sie zum ersten Mal eine Treppe hinunterwollen, mit dem Kopf voran – sie möchten sehen, wo es hingeht. Manche Leute sagen, es sei für Kinder sicherer, rückwärts die Treppe hinunterzukrabbeln, und sie bringen Kindern bei, wie man das macht. Das Kind kann dann verwirrt werden, weil sein Körper ihm das eine sagt und der Erwachsene etwas anderes, und vielleicht führt das dann sogar tatsächlich dazu, dass es fällt.

Wenn sich ein Baby auf natürliche Weise bewegt und das tut, was sich für seinen Körper im Moment richtig anfühlt, ist das immer das Sicherste.

Wenn Sie einem Kind etwas beibringen, für das es nicht bereit ist, dann kann es das Gefühl bekommen: „Ich weiß nicht genau, was von mir erwartet wird, aber was ich auch mache, es wird nicht geschätzt."

Ich frage mich, ob Eltern klar ist, dass die Zeit, die darauf verwendet wird, ihrem Kind etwas beizubringen, ihm Zeit dafür nehmen kann, zu lernen, was wirklich wichtig ist.

Freie Bewegung, freies Spielen

Wir lehren Kinder nicht, wie sie sich bewegen sollen, weil wir glauben, dass jedes Baby dies viel besser weiß. Wir greifen nicht in ihr Spiel ein. Wir mischen uns nicht dabei ein, wenn sie etwas von dem verfügbaren Material auswählen. Das sind Bereiche, von denen wir beim RIE ganz entschieden sagen: „Hände weg!" Wir sind immer daran interessiert zu wissen: „Wofür würde dieses Kind sich jetzt entscheiden, wenn man ihm nicht etwas anderes beigebracht hätte?"

Kleine Kinder sind Forscher und Initiatoren. Sie lernen trotzdem, was wir ihnen beibringen. Eine sichere Umgebung, in der das Baby sich bewegen und forschen kann, ermöglicht die Art Lernerfahrung, von der das Kind am meisten profitiert. Wenn Kleinkinder genug Raum, sicheren Raum haben, dann werden sie genau die Bewegungen machen, für die sie bereit sind – weil sie die Gelegenheit dazu haben.

3

Wenn wir Kleinkinder beobachten, dann sieht es eher so aus, als arbeiteten sie, als dass sie spielten: sie sind ganz bei der Sache, absorbiert von dem, was sie gerade tun. Wir brauchen keine Übungen für sie zu erfinden. Sie lernen ihren Instinkten zu folgen und ihrem eigenen Urteil zu vertrauen.

Kinder erlangen ihre Fertigkeiten durch endloses Wiederholen, dadurch dass sie dieselbe Aktivität immer wieder machen, wenn Erwachsene vielleicht schon längst das Interesse verloren haben. Wenn ein Kind eine Handlung viele, viele Male wiederholt, dann spürt es keine Langeweile. Vielmehr lernt es gründlich, was mit der Handlung zu tun hat, macht sie zu einem Teil von sich und seiner Welt. Wenn es etwas bis zu seiner eigenen Befriedigung gelernt hat, dann geht es zu einer anderen neuen Aktivität über.

Beim Spielen arbeiten Kinder ihre Konflikte mit Objekten, anderen Kindern und Erwachsenen durch. Spiel ist ein Ventil für Neugier, Informationen über die physische Welt und eine sichere Möglichkeit, mit Angst und sozialen Beziehungen umzugehen. Auf lange Sicht dient Spielen den inneren Bedürfnissen, Hoffnungen und Wünschen von Kindern.

Über das tägliche Leben lernen

Was sollten Kinder wirklich von ihren Eltern lernen? Wenn Eltern dem Kind erzählen, was sie tun, dann lernt das Baby etwas über die reale Welt um sich herum. Babys müssen die wichtigsten Dinge in ihrem Leben lernen – wer sie sind, wie man kommuniziert, was Mama oder Papa freut oder sie aufregt. Lehren ist keine abgetrennte Funktion. Es ist eine Erfahrung des alltäglichen Lebens. Das Beste, was man ein kleines Baby lehren kann, ist etwas über das tägliche Leben.

- Über seine Bedürfnisse: „Du hast wohl Durst. Möchtest du dies trinken?"
- Über das, was ihm gehört: „Ziehen wir mal dein Hemd an. Bist du soweit, dass du deinen Arm in den Ärmel stecken kannst?"
- Über Ihre Sorge: „Die Straße ist nicht sicher. Ich kann dich nicht hinter deinem Ball herlaufen lassen."

Was Eltern lehren, sind sie selbst, als Modelle dessen, was menschlich ist – durch ihre Stimmungen, ihre Reaktionen, ihren Gesichtsausdruck und ihre Handlungen. Das sind die wirklichen Dinge, derer Eltern sich bewusst sein müssen, und dessen, wie sie auf ihre Kinder wirken. Erlauben Sie ihnen, Sie zu kennen, dann wird es für sie vielleicht leichter, etwas über sich selbst zu lernen.

4

Für sich sein:
ein Raum für Ihr Baby

Jedes Kind braucht eine absolut sichere Umgebung, eine Umgebung, in der es sich frei bewegen kann, wenn sich seine motorischen Fähigkeiten entwickeln.

Eine sichere Umgebung erlaubt nicht nur dem Kind, Zeit mit Erforschen und Lernen zu verbringen, ohne unterbrochen zu werden, sondern auch den Eltern, eine Zeit lang ihre eigenen Vorhaben zu verfolgen. Wenn das Kind wieder Aufmerksamkeit braucht, können Kind und Eltern ihr Miteinander wieder ganz und ohne Ablenkung genießen.

Unter einer sicheren Umgebung verstehe ich Folgendes: Wenn die Person, die für das Kind verantwortlich ist, eines Tages zufällig bis zum Abend aus dem Haus oder der Wohnung ausgeschlossen sein sollte, würde das Kind in einer sicheren Umgebung überleben. Das Kind wäre vielleicht verstört, müde, hungrig und würde weinen – aber es wäre physisch sicher.

Eine ruhige Umgebung

Häufig werden kleine Kinder zu viel Stimulation ausgesetzt. Erwachsene erkennen oft nicht die Bedürfnisse eines Kindes nach Ruhe und Stille.

Häufig ist der angemessene Raum für Ihr Baby sein eigener Raum oder sein eigenes Zimmer. Es sollte in Hörweite der Eltern sein, aber etwas abseits von zu viel Aktivität, die der Haushalt mit sich bringt.

Manche Experten sagen, um Ihrem Baby Sicherheit zu geben, sollten Sie es überallhin mitnehmen. Wir glauben, dass Babys nicht nur daher Sicherheit bekommen, dass sie in der Nähe ihrer Eltern sind, sondern auch daher, dass ihnen die Möglichkeit gegeben wird, ihre Umgebung frei und selbstständig zu erforschen.

Sie müssen immer mal wieder vorbeischauen und natürlich erreichbar sein, wenn das Baby gefüttert, gewickelt oder gebadet werden muss oder wenn es Sie braucht. Verbringen Sie auf jeden Fall auch Zeit mit Ihrem Baby, wenn es Ihnen einfach Freude macht, sich ihm in Ruhe zuzuwenden und ihm einfach nur zuzuschauen.

Vom Kinderbettchen zum Laufstall und zum Fußboden

Am Anfang reicht ein Kinderbettchen oder eine Wiege, und ein Laufstall ist ganz passend, bis das Baby anfängt, sich auf den Bauch zu drehen und sich mit Rollen fortzubewegen. In den ersten Monaten können sie sich nicht weit von dort wegbewegen, wo wir sie hinlegen – deshalb fühlen sie sich von diesen kleinen Räumen nicht eingeengt. Im Gegenteil, es ist ihr vertrauter Platz, an dem sie ihre vertrauten Dinge haben. Grenzen geben Ihrem Baby ein Gefühl von Sicherheit.

Wenn Sie ein zweites Bettchen und einen Laufstall für draußen haben, kann ein Baby auch draußen viele Stunden an einem sicheren Ort schlummern und spielen, ohne dass Sie jede Minute aufpassen müssen.

Ungefähr mit 5 oder 6 Monaten, wenn Ihr Baby mobiler wird, kann es mehr und mehr Zeit in einem weiteren sicheren Raum auf dem Fußboden verbringen. Wenn es ein paar einfache Dinge in seiner Reichweite hat, kann es mit ihnen hantieren und spielen. Ein paar Dinge gerade außerhalb seiner Reichweite können es dazu ermutigen, sich auf sie zuzubewegen.

Erste „Spielsachen"

In den ersten zwei Monaten gehören seine eigenen Hände und das Gesicht der Eltern zu den wertvollsten Dingen, mit denen das Baby spielen kann.

Als erstes „Spielzeug" empfehle ich ein Tuch von etwa 40 mal 40 Zentimetern, aus kräftiger, farbiger Baumwolle, so wie Dr. Pikler es im Lóczy benutzte. (Seide oder Nylon sind gefährlich, ebenso wie ein zu kleines Tuch.) Halten Sie das Tuch zwischen das Baby und sich selbst, und zwar so, dass Sie dahinter hervorschauen können. Das ist dann ein interessantes visuelles Ziel. Der Grund, warum ich ein Tuch Mobiles vorziehe, ist der, dass das Kind, wenn es soweit ist, diesen Gegenstand greifen und auf vielfältige Weise damit hantieren kann, und dabei immer neue visuelle Erfahrungen machen und neue Gefühle erleben kann: es kann sich das Tuch erst vor, dann auf sein Gesicht ziehen. Es kann daran kauen, es kann auf ihm liegen, und dann die Erfahrung machen, dass es das Tuch nicht unter dem eigenen Körper hervorziehen kann; und später kann es das Tuch mit einem anderen Kind hin- und herziehen.

Sichere Grenzen

Bevor Ihr Kind anfängt, sich auf den Bauch zu drehen und zu krabbeln, ist es günstig, einen Raum mit einem kleinen Türgitter kindersicher zu machen, damit es nicht auf unsicheres Territorium gelangen kann. (Wenn ein ganzer Raum nicht zu Verfügung steht, kann man auch einen Teil eines Raumes sicher abgrenzen.)

Eltern reagieren oft negativ, wenn ich ihnen vorschlage, in ihrem Haus oder ihrer Wohnung so ein kleines Tor zu benutzen, um sichere Grenzen für ihre Kinder zu schaffen. Im Gegensatz zu dem, was viele Menschen glauben, ist ein mit einem kleinen Türgitter abgeteilter Raum ein sicherer Raum, der Kindern die Freiheit gibt, sich in sicherer und vertrauter Umgebung zu bewegen und sie zu erforschen. Wenn das Tor von Anfang an ein Teil der Umgebung Ihres Babys ist, dann wird es dieses ganz natürlich annehmen, genauso wie andere vertraute Gegenstände in seiner Umgebung. Wenn Sie es andererseits erst einbauen, nachdem Ihr Baby schon aus seinem Zimmer gekrabbelt ist, dann wird es dies mit Recht als einschränkenden Eingriff erleben, der es daran hindert, zu tun was es will.

Meiner Meinung nach ist es viel besser, einen wirklich sicheren Platz mit einem kleinen Tor einzurichten, der ihn vom Rest des Hauses abtrennt, als ein Kind „sicher" zu verwahren, indem man es in einer Schaukel, einem Kindersitz oder etwas Ähnlichem anbindet oder ständig hinter ihm herläuft, um es vor Gefahren im Haushalt zu bewahren.

Zeit miteinander, Zeit allein

Wenn Erwachsene versuchen, ihre Arbeit zu machen, während sie gleichzeitig auf ihre Kinder aufpassen, dann fühlen sie sich ebenso frustriert wie die Kinder. Ich habe das Gefühl, dass die Ursache dieser Falle in Büchern und Ratgebern zu suchen ist, die befürworten, dass ein Baby seine Eltern ständig in seiner Nähe haben muss. Aufgrund dieser Überzeugung nehmen viele Eltern ihr Kind überallhin mit, setzen es auf den Küchentisch, auf den Boden im Badezimmer und an andere unsichere Plätze. Ein Baby, das in einem Kindersitz angeschnallt ist, wird in seinen Bewegungen eingeschränkt und hat weniger Freiheit als ein Kind, das hinter einem sicheren Tor aktiv seinen eigenen vertrauten Lebensraum erforscht.

Kinder lernen am besten durch aktives Beteiligtsein – an ihrer Umwelt wie im Umgang mit anderen Menschen. Wenn ein Kind einen angenehmen Platz zum Spielen hat, wo es sich selbstständig bewegen und seine Umgebung erforschen kann, dann haben auch die Eltern mehr Freiraum dafür, ihre eigene Arbeit zu machen, und ihre Bedürfnisse wie die ihres Kindes können befriedigt werden.

Viele Eltern haben Angst, dass sie vielleicht keine „guten Eltern" sind, wenn sie nicht immer mit ihrem Kind zusammen sind. Ich verstehe immer noch nicht ganz, warum es für Eltern so schwer ist zu akzeptieren, dass es ganz in Ordnung ist, ein Kind in einem solchen vollkommen sicheren Raum zu lassen, wenn sie erreichbar sind, aber dabei in Hörweite etwas anderes tun.

Ein Baby kann lernen, eine gewisse Zeit allein zu verbringen. Es ist für ein Kind wichtig, dass es Befriedigung und Freude an seiner eigenen Unabhängigkeit entdeckt. Kinder, die gelernt haben, sich darauf zu verlassen, von Erwachsenen stimuliert, manipuliert und unterhalten zu werden, können ihre Fähigkeit verlieren, sich auf unabhängige, erforschende Aktivitäten ganz einzulassen.

Kinder brauchen nicht ständig Aufmerksamkeit, was sie brauchen, ist Sicherheit. Wenn ein Kind von Zimmer zu Zimmer geschleppt wird, während die Mutter arbeitet, hilft ihm dies sicher nicht, ein Gefühl von Sicherheit zu bekommen.

Die Lebensweise eines Erwachsenen ist eine andere als die eines Kindes. Eltern wie Kinder brauchen Zeit für sich selbst. Wenn sie auch für sich sein können, dann wird die Zeit, die sie gemeinsam verbringen, umso reicher.

Kinder das tun lassen, was sie tun können

Es ist verständlich, wenn junge Eltern glauben, dass ihre Kinder immer glücklich sein werden, wenn sie sie nur richtig erziehen. Wider „besseres Wissen" träumen Eltern davon, ein „Paradies" zu erschaffen, in dem ihre Kinder niemals Schmerzen ausgesetzt sind oder leiden oder sogar kämpfen müssen.

Dieser Wunsch bringt Eltern dazu, ständig für Unterhaltung zu sorgen, keine Frustration zuzulassen und ihr Baby ständig herumzutragen. Sie füttern ihr Baby vielleicht sogar nach dem ersten Wimmern, ohne zu warten und sich erst einmal zu vergewissern, ob das Baby wirklich Hunger hat. Bereitet man es so auf das wirkliche Leben vor? Können wir andererseits erwarten, dass ein kleines Baby in der Lage ist, mit den vielen Frustrationen des täglichen Lebens fertig zu werden? Wie können Eltern ein ausgewogenes Maß finden, es einerseits nicht überzubehüten und es andererseits doch genug zu unterstützen?

Es ist eine Realität des menschlichen Lebens, dass jedes Kind sich irgendwann ablösen und eine eigene Person werden muss. Das ist ein allmählicher Prozess. Die innere Haltung der Eltern kann dies erleichtern oder erschweren. Wenn sie auf jeder Stufe der Entwicklung das akzeptieren, was ist, und sich daran freuen, dann erleichtert das diesen Prozess. Versuche, es zu drängen oder sich in seine natürliche Entwicklung einzumischen, erschweren ihn.

Beobachten Sie und warten Sie ab

Die Aufgabe der Eltern besteht darin, immer wieder abzuschätzen, ob das Kind in der Lage ist, mit einer Situation fertig zu werden. Wenn ein Kind zum Beispiel einen Gegenstand anschaut (oder vielleicht sogar nach ihm greift), dann geben viele Erwachsene diesen Gegenstand dem Kind in die Hand – und merken nicht, dass sie ihm damit die Möglichkeit nehmen, spontan zu handeln und aus seinen eigenen Handlungen zu lernen.

Wie ich so oft gesagt habe: „Beobachten Sie und warten Sie ab." Manchmal merken Sie vielleicht sogar, dass das, was Sie für den Wunsch des Babys gehalten hatten, nur ihre Vermutung war. Es ist ganz natürlich, daß man Fehler macht, und es passiert leicht, daß man Kinder in der präverbalen Zeit missversteht. Trotzdem ist es wichtig, immer wieder zu versuchen, sie zu verstehen.

Die Kindheit ist eine Zeit großer Abhängigkeit. Kinder sollten jedoch von Anfang an manche Dinge allein machen dürfen.

Hier sind ein paar Beispiele für das, was ich meine:

- Die Mutter hält ihre Brustwarze an die Wange des Babys. Der „Rootingreflex" bewegt den Kopf des Babys zur Brust hin.
- Der Vater fragt mit ausgestreckten Armen: „Möchtest du, dass ich dich hochnehme?" Dem Baby wird Zeit gelassen, sich zu entscheiden.
- Der Ball eines elfmonatigen Kindes verklemmt sich unter einem Regalbrett. Man merkt ihm an, dass es sich ärgert. Es tritt mit den Beinen. Vater oder Mutter sagen: „Oh, dein Ball hängt fest. Was kannst du da machen?" Das Kind schreit. Die Eltern warten ruhig oder sagen vielleicht: „Das ärgert dich" und zeigen Verständnis ohne einzugreifen. Das Kind zieht am Ball und er rollt hervor.

Hätte die Mutter die Brustwarze in den Mund des Babys geschoben, hätte der Vater das Baby ohne Rücksicht auf seine Reaktion hochgenommen oder hätten die Eltern dem Kind den Ball sofort gegeben, dann hätten sie diesen Kindern Möglichkeiten genommen zu versuchen, die Situation selbst zu bewältigen, durch Tun zu lernen und die Freude zu erleben, etwas selbst zu meistern.

Haben Sie Vertrauen in die Kompetenz Ihres Babys. Es möchte manche Dinge allein tun und es kann sie auch allein tun.

Sie wissen auch, dass Ihr Kind manchmal wirklich Hilfe braucht, aber versuchen Sie nur genau dieses kleine Maß an Hilfe zu geben, das es dem Kind erlaubt, wieder selbst aktiv zu werden. Lassen Sie es selbst Initiator und Problemlöser sein.

Wir können das Leben als eine Folge von Konflikten oder Schwierigkeiten sehen. Je öfter wir eine winzige Schwierigkeit gemeistert haben, umso fähiger fühlen wir uns beim nächsten Mal.

5

Kompetent und mit Selbstvertrauen

Wenn wir unseren Kinder aus der Nähe zuschauen, wenn wir sie das tun lassen, wozu sie in der Lage sind, wenn wir uns davor hüten, zu oft einzuspringen, wenn wir warten und warten und warten, wenn wir minimale Hilfestellung geben, wenn sie sie wirklich brauchen, dann geben wir unseren Kindern die Möglichkeit, in ihrer eigenen Zeit und auf ihre eigene Weise zu lernen und zu wachsen.

Ich glaube, dass, ganz gleich wie sehr und wie schnell die Welt sich auch verändern mag, ein Mensch, der in sich ruht, kompetent ist und Selbstvertrauen besitzt, am besten dafür ausgestattet ist, sich auf sie einzustellen. Das ist unser Ziel.

Magda forderte uns dazu auf, die Babys zu beobachten und zu schauen, was sie von allein tun wollten. Das war für mich nicht leicht. Ich konnte nicht ruhig dasitzen und Rachel die geringste Frustration oder Mühe empfinden lassen. Ich war zu bemüht, um still sitzen zu bleiben und Rachel weinen und sich abmühen zu lassen. Wenn sie weinte, wurde ich unruhig und wollte irgendetwas tun, um ihr Weinen zu beenden. Magda fragte, ob ich nicht ein bisschen warten könnte, bevor ich eingriff. Als ich dann abwartete, um zu sehen, ob Rachel allein fertig würde, bemerkte ich, dass es in meinem erwachsenen Selbst ein ruheloses, hilfloses Kind gab, das nicht wusste, was es tun sollte. Ich frage mich immer noch, was die Ursache dieser Ruhelosigkeit war. Hatte mir selbst vielleicht niemand erlaubt, Dinge allein herauszufinden, als ich ein Baby war?

In der Gruppe, ein paar Tage später, lag Rachel auf ihrem Rücken, und hatte ihre zwei Lieblingsspielsachen – eine glänzende Kupferschüssel und ein paar Greifbälle – neben sich auf dem Boden. Sie schaute diese Dinge mit Interesse an, streckte ihre Hand nach ihnen aus, wimmerte ein bisschen, als sie sie nicht erreichen konnte, und sah mich an. Ich wollte ihr helfen, wie ich es immer gemacht hatte, aber mir fiel ein, was Magda mir gesagt hatte: „Warte". Viele Male streckte Rachel ihre Hand nach einem der Gegenstände aus, wurde immer frustrierter, wenn sie ihn nicht erreichen konnte, und fing an zu weinen. Es war schmerzhaft für mich zu beobachten, wie sie sich immer wieder einem Gegenstand zuwandte, nach ihm zu greifen versuchte, wimmerte oder weinte und dann in die Rückenlage zurückkehrte. Es fiel mir schwer zuzugeben, dass sie durch mein unnötiges Helfen gelernt hatte, so leicht aufzugeben. Obwohl sie die motorische Fähig-

keit besaß, einen Gegenstand zu ergreifen, fehlte ihr der Wille, ihn allein und ohne Hilfe zu erreichen. Ich hatte ihr Hilflosigkeit beigebracht.

Im Laufe von Monaten geduldigen Beobachtens, angeleitet von Magda, war ich dann allmählich in der Lage, ruhig genug zu werden, um dabei sitzen und Rachel die Möglichkeit lassen zu können, sich selbst anzustrengen. Ich fing an, ihren Mut, ihre Geduld und ihre Ausdauer zu respektieren, und sie bekam Freude an ihrer eigenen selbstbestimmten Aktivität.

Magda gab mir eine Gelegenheit, als Erwachsener wieder zu lernen, was ich als Kind nicht richtig gelernt hatte. Während ich meiner Tochter vertrauen lernte, lernte ich gleichzeitig, mir selbst zu vertrauen.

6

Die Verantwortung des Elternseins

Manche Eltern glauben, dass, wenn sie ein Baby bekommen, dies ihr Leben nicht verändern sollte. Tatsächlich aber ist Eltern zu werden eine der größten Veränderungen im Leben eines Erwachsenen. Warum sollte man das abstreiten? Warum es ignorieren?

Niemand hat behauptet, dass es leicht ist, Eltern zu sein. Eltern sein kostet viel Zeit. Es ist wie bei einem Beruf, für den man sich ausbilden lässt. Es wäre sehr sinnvoll, wenn man das Elternsein genauso betrachten könnte. Realistischerweise sollten Eltern die Konsequenzen ihrer Entscheidungen kennen: ein Kind zu haben oder keines zu haben, einen Job anzunehmen oder ihn nicht anzunehmen.

Bedenken Sie zwei Hauptschwierigkeiten, bevor Sie Eltern werden:

- **Die Tatsache, dass Sie ununterbrochen Eltern sind.** Auch wenn das Kind nicht zu Hause ist, hören Sie niemals auf, Eltern zu sein. Das zu wissen und zu fühlen ist eine gewaltige psychische Belastung: „Dies ist mein Kind und ich bin für sein Wohlergehen verantwortlich." Es ist ein Gefühl von Unfreiheit.

- **Die technische Seite am Elternsein.** Das ist die harte Wirklichkeit – das Grundlegende, wenn man so will. Sie müssen einfach bestimmte Dinge tun, bestimmte Aufgaben erfüllen, die nötig sind, wenn Sie für ein Kind zu sorgen haben. Ob Sie im Bett bleiben wollen oder nicht, das Kind verlangt doch, dass man dauernd für es sorgt.

Sie müssen für diesen Elternjob sowohl innerlich als auch physisch vorausplanen. Sie müssen für dieses Kind, für diesen Job, einen Platz in Ihrem Leben schaffen. Wenn Sie sich dafür entscheiden, dass Sie ein

Kind haben wollen, müssen Sie auch die Verantwortung akzeptieren, die zu dieser Entscheidung gehört. Sie müssen ein Engagement (an Zeit, Raum, Gefühl, Erreichbarkeit) und einen Verzicht oder Aufschub ichbezogener Bedürfnisse akzeptieren. Eltern müssen das anerkennen – es gibt keinen anderen Weg.

Der Konflikt der Bedürfnisse

Der Konflikt besteht für Eltern darin, dass sie gern weiter alles tun und nichts aufgeben würden. Alle Eltern treffen ihre eigenen Entscheidungen.

Eltern sind zwischen sich widersprechenden Ratschlägen hin- und hergerissen. Manche raten: „Sie, die Eltern, haben das Recht, ihr eigenes Leben zu leben, und das Baby muss sich daran anpassen." Das heißt gewöhnlich, dass Eltern ihre Kinder überallhin mitnehmen, sie im Auto von Ort zu Ort fahren, und dabei erwarten, dass sie sich „benehmen" – zum Einkaufen, zu Besuchen, ins Kino, zu Skitouren und sonstwohin. Die Kinder können sich nicht ihren eigenen Bedürfnissen entsprechend verhalten. Wenn sie weinen, dann bringt man sie dazu, still zu sein. Sie müssen sich an die Bedürfnisse ihrer Eltern anpassen. Ihre biologischen Rhythmen werden unterbrochen und die Kinder werden zu Anhängseln des Lebens ihrer Eltern.

Dem anderen Rat zufolge sollten Eltern alles aufgeben, um nur für das Baby da zu sein. Aber das ist weder gesund noch realistisch. Immer gebraucht zu werden, immer zu Verfügung zu stehen kann die Energie der Eltern erschöpfen. Selten gibt es Hinweise dafür, wie man sich aneinander anpassen, miteinander vertraut werden kann.

Die Richtlinien des RIE können dabei helfen, sowohl für die Bedürfnisse Ihres Babys als auch für Ihre eigenen Bedürfnisse empfindsam zu sein.

Eltern müssen wirklich in sich gehen und sich genau anschauen und ernsthaft fragen: „Was für ein Mensch bin ich?"; „Wohin gehe ich eigentlich? Was ist wirklich mein Ziel?" Es wäre hilfreich, wenn sie sich auch ernsthaft die Frage stellten, was ein Kind wirklich braucht, bevor sie dieses Kind bekommen.

Das RIE betont, wie nützlich es ist, wenn Kinder ihre Zeit in Ruhe verbringen, ohne unterbrochen zu werden, wenn sie ihren biologischen Rhythmen folgen können und schlafen, wenn sie müde sind, und essen, wenn sie Hunger haben, statt sich zu früh an äußere Zeitpläne und unrealistische Erwartungen anpassen zu müssen. Zuerst müssen wir ein Kind seinen eigenen Rhythmus finden lassen; später kann es sich dann mehr an das Leben der Erwachsenen anpassen.

Denken Sie daran, dass es eine einzigartige Zeit ist, wenn Sie ein Baby haben, und dass Sie sie beide genießen können – sie kommt nie wieder. Es ist der richtige Moment, um zu investieren und sich Zeit zu nehmen. Es ist eine Zeit zum Loslassen, eine Zeit, es sich gut gehen zu lassen, nicht gehetzt, nicht unter Druck zu sein, nichts leisten zu wollen. Wenn Sie etwas anderes tun möchten, während Sie mit Ihren Kindern zusammen sind, dann kann diese Ambivalenz, dieses Hinundhergerissensein zur Belastung werden. (Das heißt aber nicht, dass Sie sich nicht verabreden und gelegentlich weggehen können.) Sie haben immer noch den Rest Ihres Lebens, um all die Dinge zu tun, die Sie tun möchten.

Eine Investition in die Zukunft

Eltern müssen auch wissen, dass es ein gewisses Maß an Investition gibt, in dem Sinne: „Ich werde dies jetzt tun und später den Nutzen davon haben."

In unserer Gesellschaft wird der folgende Gedanke kaum in Erwägung gezogen: „Welche Auswirkungen wird das, was ich jetzt tue, für mein Kind in einem Jahr, in 10 Jahren, in 25 Jahren haben?"

Wenn Eltern mehr über das Elternsein nachdenken und vorausplanen würden, dann gäbe es mehr glückliche Kinder und Eltern. Es ist für ein kleines Kind ungemein wichtig, sein Leben mit guten Erfahrungen in seiner eigenen Familie zu beginnen. Zwei oder zweieinhalb Jahre lang könnten Eltern vielleicht auf andere Aktivitäten verzichten, weil diese Art von Investition zur rechten Zeit letztlich dabei helfen kann, selbstsichere, unabhängige und selbstständige Kinder hervorzubringen.

Je mehr Sie in diese ersten frühen Jahre des Elternseins investieren, umso leichter kann Ihr Leben später sein. Wenn ein Kind mit wacher, respektvoller Aufmerksamkeit heranwachsen konnte, dann müssen Sie später nicht sein Sklave sein. Dies kann sich darauf auswirken, ob Kinder nörgelig und vernachlässigt, zurückgezogen oder aggressiv werden oder ob sie unabhängig, kraftvoll und mit Selbstvertrauen ihren Lebensweg gehen.

Die ersten Wochen und Monate

Zu Hause mit einem Neugeborenen

Die ersten Tage, Wochen und Monate sind meistens sehr turbulent. Gefühle der Erleichterung und Freude gemischt mit Zweifeln, Ängsten, Unsicherheiten, Verzweiflung, Müdigkeit und immer wieder Müdigkeit. Die Erschöpfung bewirkt, dass alle Eltern sich fragen: „Mache ich es richtig? Warum ist mein Baby so unruhig? Warum kann ich es nicht beruhigen, was mache ich falsch?"

Ich würde junge Eltern wirklich gerne beruhigen, besonders Mütter, und ihnen sagen, dass fast alle jungen Eltern diese Gefühle kennen. Nie zuvor hat sich Ihr Leben so einschneidend verändert. Dieser geliebte Eindringling hat Ihre Prioritäten, Ihren Tagesablauf und Ihren Rhythmus durcheinander gebracht; Sie können nicht länger essen, wenn Sie hungrig sind, oder schlafen, wenn Sie erschöpft sind.

Ein Grund, weshalb es so schwer ist, ein neugeborenes Kind zu haben, liegt darin, dass es sich so wichtig anfühlt. Alle junge Eltern bringen ihre eigenen Erfahrungen, ihre Rollenvorstellungen und Erwartungen an sich selbst in diese neue Rolle mit. Es macht Eltern verletzlich, wenn sie „perfekt sein" wollen; und wenn die Dinge nicht ideal laufen, dann kann es passieren, dass sie ärgerlich auf sich selbst und das Baby werden. Und auf den Ärger folgen dann oft Schuldgefühle und Hilflosigkeit.

Es ist eine stressreiche Zeit. Eltern gehen sehr unterschiedlich damit um. Manche Mütter verleugnen die Wichtigkeit der Situation; sie tun so, als hätte sich nichts geändert und als könnten sie drei Tage nach der Entbindung eine Party geben. Andere Mütter können nicht akzeptieren, dass die Entbindung die erste Trennung ist; sie müssen ihr Baby physisch festhalten. Wieder andere Eltern haben Mühe damit, dem Baby in ihrem Leben Raum zu geben. Und wieder andere glauben, dass es dem Baby schadet, wenn sie nicht sofort zu ihm hineilen, wenn es weint.

Was ich gerne sagen würde, ist Folgendes: Sie machen die Bekanntschaft mit einem menschlichen Wesen, das ihr ganzes Leben lang für sie zu den wichtigsten Menschen gehören wird. Nehmen Sie sich dafür Zeit. Je offener und interessierter Sie an der Einzigartigkeit dieses neuen Wesens sind, umso leichter wird der Prozess der gegenseitigen Anpassung werden.

Sehen Sie diese Periode mit einem Neugeborenen als eine Zeit, in der Sie sich gegenseitig kennen lernen, und als eine Gelegenheit wie nie zuvor, etwas über sich selbst zu erfahren.

Für sich selbst sorgen

Was gehört zu einem guten Anfang? Daß Sie sich selbst kennen, akzeptieren und mögen. Das wird Ihnen dabei helfen, Ihre eigene Verletzlichkeit zu erkennen und zu akzeptieren. Wenn Sie zum Beispiel wissen, dass Sie gereizt werden, wenn Sie hungrig sind, dann essen Sie etwas.

Das Schwierigste, wenn man gerade ein Baby bekommen hat, ist, dass man sich nicht genug ausruhen kann. Sie können sich selbst viel mehr Zeit zum Ausruhen verschaffen, wenn Sie nicht erwarten, dass Sie irgendetwas anderes tun müssen als gut für sich und für das Baby zu sorgen.

Wenn Sie ein Neugeborenes haben, besonders wenn es Ihr erstes Kind ist, dann holen Sie sich Hilfe. Ihre eigene Mutter oder Schwiegermutter ist selten der richtige Mensch. (Sie kann es sein, wenn Sie sich in ihrer Nähe wirklich wohl fühlen und sie Sie nicht kritisiert. Aber gibt es solche Engel?) Eine gute Freundin oder eine Haushaltshilfe, zu der man Vertrauen hat, kann die beste Lösung sein. In manchen Gesellschaften ist es ganz selbstverständlich, dass jede junge Mutter solch eine Hilfe bekommt. Ihre Helferin sollte alle im Haushalt anfallenden Aufgaben erledigen, Sie verwöhnen, aber das Baby nur versorgen, wenn Sie selbst zu müde sind. Geben Sie alle Pflichten ab und erlauben Sie sich wie Ihrem kleinen Baby zeitlose Zeiten. Ruhen Sie so viel wie möglich. Versuchen Sie es so einzurichten, dass Sie jemanden verfügbar haben, damit Sie freie Zeit für sich selbst haben können!

Mit einem kleinen Kind zu leben bedeutet, in einer anderen Zeitzone und oft in einem zunächst ungewohnten emotionalen Klima zu leben. Nie zuvor mussten sie mit so wenig Schlaf, ständiger Müdigkeit, der Last immer Dienst zu haben und einer Reihe nagender Zweifel an Ihrer Kompetenz als Eltern zurechtkommen. Diese ersten Monate können Sie nicht proben. Soviel ist neu – das Baby, die Situation, die Reaktion des anderen Elternteils und vor allem Ihre eigenen Gefühle.

Manche Mütter und Väter bekommen Angst, wenn sie merken, wie die Zeit stillsteht und zugleich wie im Fluge vergeht, wie die Außenwelt verblasst und durch Lachen und Weinen des Babys ersetzt wird.

Liebe junge Eltern, haben Sie keine Angst. Geben Sie dem Rhythmus einer neuen biologischen Uhr nach. Sie werden nicht für immer dieser Verzerrung der Zeit unterworfen sein. Sie werden noch früh genug zu der fordernden und bedrängenden Hektik des „normalen" Lebens zurückkehren. Stellen Sie sich vor, dass Sie eine Zeit lang auf einer Insel ohne Uhren Urlaub machen, auf der es keine anderen Pflichten gibt, als auf den Rhythmus und die Bedürfnisse Ihrer selbst und Ihres Babys einzugehen.

Mütter und Väter, öffnen Sie sich dieser neuen Erfahrung. Erlauben Sie sich, als neue Eltern da zu sein, und erlauben Sie Ihrem Baby, sich als ein neuer Mensch zu entfalten. Versuchen Sie nicht, es zu formen, sondern eher seine Einzigartigkeit, sein Tempo und seine Art anzunehmen.

Für Ihr Baby sorgen

Was für Neugeborene und Eltern ansteht, ist, sich gegenseitig kennen zu lernen und langsam einen Dialog zu entwickeln. Es ist hilfreich, wenn Sie wirklich mit Ihrem Baby sprechen.

Welche Zeichen gibt ein neugeborenes Baby? Sehr wahrscheinlich weint es, zeigt Unwohlsein oder es schläft.

Was Eltern von ihren Babys erwarten und wie ihre Babys sich in Wirklichkeit verhalten, unterscheidet sich oft sehr voneinander. Sie haben vielleicht ein dickes, lächelndes Baby erwartet – stattdessen schauen Sie Ihr neugeborenes Baby an und sehen einen deformierten Kopf, ein bläuliches, runzliges Gesicht und einen mageren, haarigen Körper. Sie haben vielleicht erwartet, dass Sie wissen, was Ihr Baby braucht – stattdessen schreit es und schreit, es beunruhigt Sie und Sie wissen nicht, was es braucht oder was Sie tun sollen. (Sie fühlen sich vielleicht nicht ganz so fremd, wenn Sie eine Kinderstation in Krankenhäusern besucht und viele Neugeborene gesehen haben oder wenn Sie Eltern mit sehr kleinen Kindern zugeschaut und erfahren haben, dass alle Babys hin und wieder schreien.)

Wie einfach eine Umgebung auch ist, ein Baby kann von zu viel Stimulierung überwältigt werden. Alles ist neu und nichts funktioniert schon leicht. Sie können Ihrem Neugeborenen bei der Anpassung an all das Neue helfen, indem Sie die Umgebung weniger laut und weniger hell gestalten, um Ihrem Kind zu erlauben, Schritt für Schritt anzukommen, statt mit zu vielen Eindrücken bombardiert zu werden. Schaffen Sie einen ruhigen Raum, lassen Sie das Neugeborene an einem gemütlichen Platz wie zum Beispiel in einer kleinen Wiege und erfüllen Sie langsam und sanft seine Bedürfnisse nach Nahrung, frischen Windeln und körperlicher Nähe.

Es wird Zeit brauchen, es muss Zeit brauchen – eine Menge Zeit –, einander verstehen zu lernen. Mit der Zeit weinen kleine Kinder weniger und die Eltern fühlen sich immer sicherer.

Ein ruhiger Anfang

Regelmäßigkeit und Zuverlässigkeit helfen Babys ihre inneren Schlaf-, Wach- und Ess-Rhythmen zu entwickeln. Es ist am besten, wenn Babys ihre ersten sechs bis acht Wochen ungestört zu Hause in ihrer eigenen Umgebung verbringen können und wenn Eltern sich Zeit ohne zusätzliche Aktivitäten nehmen können. Wenn irgend möglich, würde ich nicht versuchen, die Rhythmen des Babys zu unterbrechen, indem ich es bei Besorgungen mitnehme.

Erlauben Sie dem Kind, zuerst seinen biologischen Rhythmus zu finden und führen Sie es dann langsam in das Leben der Familie ein. Dann werden Sie und Ihr Baby schließlich einen ruhigen und zuverlässigen Lebensrhythmus entwickeln.

Die Art und Weise, wie Sie das Leben mit einem Neugeborenen beginnen, prägt ein Muster, eine Art Blaupause für zukünftige Beziehungen. Und glauben Sie mir, obwohl es vielleicht zu schwierig erscheint, eine Zeit lang zu Hause zu bleiben und all die Aktivitäten der „Selbstverwirklichung" in der Welt draußen aufzuschieben wird es eine gut investierte Zeit sein, während der Sie das tägliche Wunder des Werdens eines neuen Menschen, Ihres eigenen Kindes kennen lernen.

Und ein Wort an die Großeltern

Ich möchte Großeltern daran erinnern, dass das, was jeder von einer wichtigen Beziehung erwartet, Aufmerksamkeit und eine offene Empfänglichkeit ist. Es kann sein, dass die beste Weise, wie Sie Ihre Kinder darin unterstützten können, diese aufmerksame Beziehung zu ihrem kleinen Baby aufzubauen, darin besteht, genau die gleiche Art von Beziehung zu Ihren Kindern zu entwickeln.

Und erwarten Sie als Großeltern von den Eltern nicht Leistung (eine gute Mutter oder ein guter Vater zu sein). Akzeptieren Sie sie und diese Phase ihrer Mühen. Kochen Sie und machen Sie sauber. Kritisieren Sie nicht.

Obwohl ich mit Kindern und Eltern sehr vertraut war, empfand ich doch mit meinem eigenen Kind in den ersten Wochen die typische Unsicherheit. Wenn sein Vater sagte: „Hier ist deine Mama", dann hatte ich fast das Gefühl, er meinte nicht mich, sondern jemand anderen.

Nachdem ich Magda zugehört und jahrelang Material des RIE studiert hatte, hatte ich geplant, meine ganze Aufmerksamkeit dem Stillen, Wickeln und Baden usw. zu widmen. Das verlangt von mir eine eindeutige Entscheidung und ich habe gemerkt, dass das für mich richtig ist, obwohl es manche Menschen in meiner Umgebung überrascht.

Meine Erwartungen waren oft anders als die Realität meines Lebens. Als ich Scott stillte, hatte ich das Gefühl, dass ich eine offene, zugängliche Haltung hatte und ganz präsent war. Ich erwartete und war bereit, in die Augen meines Sohnes zu schauen und die innige Verbindung, die wir miteinander hatten, in mich aufzunehmen und zu teilen. Die Realität war, dass Scott am Stillen und an seiner eigenen Welt interessiert war. Nur ab und zu lud er mich zu sich ein und dann nur kurz. Ich wartete weiter und fragte mich aufrichtig: „Warum kann ich jetzt nicht ein Buch lesen oder telefonieren? Er würde es nie merken." Hier sorgte ich jetzt für diese wunderbare Zeit, um mit ihm zusammen sein zu können, und er war zu beschäftigt, um mich überhaupt zu beachten.

Zu meinem Glück gelang es mir, weil ich an die Philosophie des RIE glaubte, bei meinem Ansatz zu bleiben und Scott weiter zu erlauben, seinen eigenen Rhythmus zu entwickeln. Für mich war bemerkenswert, dass er ausgerechnet den Muttertag wählte, um aufzublicken und lange und voll in meine Augen zu schauen. Ich verdanke es dem RIE und meiner Entschlossenheit, in solchen Momenten ganz präsent zu sein, dass ich in der Lage war, die Veränderung wahrzunehmen und diesen Augenblick wertzuschätzen.

Mit Ihrem Baby sprechen

Niemand weiß, wann genau ein Kind anfängt, Sprache zu verstehen. Aber Kinder beginnen schon bei ihrer Geburt, die Welt um sich herum langsam und allmählich immer mehr zu beachten.

Es ist nicht nur schön und beruhigend für das Baby, wenn Sie mit ihm von der ersten Stunde seines Lebens an sprechen, sondern es kann auch für Sie erleichternd sein auszudrücken, wie Sie sich fühlen und was Sie möchten. Gleichzeitig kann es auch der Anfang einer lebenslangen Kommunikation sein.

Ihre Gefühle und Gedanken ausdrücken

Sagen Sie dem Baby einfach, was Sie fühlen und was Sie denken; zensieren Sie Ihre Gefühle oder Gedanken dabei nicht.

„Ich wünschte, ich könnte diese ersten Tage und Wochen für dich und für mich leichter machen."

„Ich weiß, du musst so viele neue Dinge lernen."

„Ich sehe jetzt, wie viel bequemer es für dich war, bevor du geboren wurdest. Du bist gewachsen und dabei hast du dich einfach tragen lassen, ohne Mühe, ohne Anstrengung. Jetzt bist du müde, hungrig, dein Bauch tut weh. So viel Lärm, so viel Licht, so viele Veränderungen."

„Ich möchte dir helfen, aber oft fühle ich mich hilflos."

„All diese Bücher machen es sogar noch schwieriger."

„Ich bin so müde, ich habe Angst, dass mein Leben nie mehr so sein wird, wie es war."

„Ich muss die Verantwortung übernehmen, ich möchte aber nicht verantwortlich sein. Mama ... Ich möchte meine eigene Mama, ich bin immer noch ein Kind ..."

„Oh, mein süßes Baby, du bist so schön, diese kleinen Hände, diese Finger und diese klitzekleinen Fingernägel."

„Ich bin noch nie so glücklich gewesen. Ich möchte lernen, deine Mutter zu sein. Hilf mir dabei."

Ich wähle diese Zitate aus den vielen aus, die ich von Müttern und Vätern in unseren Kursen gehört habe. Die meisten haben erst mit mir gesprochen, aber nachdem ich sie öfter daran erinnert habe, haben sie angefangen, mit ihren Babys zu sprechen, und meist ging es ihnen besser, wenn sie es taten.

Sprachentwicklung

Statt Ihrem Baby das Sprechen beizubringen, sprechen Sie lieber mit ihm, hören Sie und lernen Sie die Zeichen, die Ihr Baby gibt, zu verstehen. Und dann sprechen Sie einfach mit ihm, als ob es alles verstünde.

Es kann sich lange so anfühlen, als wäre das bloß einseitig, aber wunderbare Überraschungen über die Fähigkeit Ihres Babys zu antworten werden Sie davon überzeugen, dass es schon lange all Ihre Worte, Gesten und den Ausdruck Ihres Gesichts in einen Zusammenhang gebracht hat.

Auf dem Rücken liegen und sich frei bewegen

Ganz kleine Babys fühlen sich wohler und können sich freier bewegen, wenn man sie auf den Rücken legt statt auf den Bauch.

Viele, viele Jahre lang stand die Empfehlung des RIE, Kleinkinder auf ihren Rücken zu legen, im Gegensatz zu dem, was die meisten Kinderärzte, Krankenschwestern und andere Experten glaubten und empfahlen. Gott sei Dank hat sich das geändert.

Neugeborene können normalerweise ihren Kopf noch nicht halten und fühlen sich aus diesem Grund auf dem Bauch nicht wohl. Und weil sie ihren Kopf nicht halten können, können sie nicht umherschauen und ihr Gesichtsfeld ist auf das kleine Stückchen der Decke gerade vor ihnen beschränkt.

Wenn ein sehr kleines Baby auf dem Bauch liegt, versucht es vielleicht ein paar Mal, seinen Kopf zu heben, gibt dann auf und bleibt mehr oder weniger unbeweglich. Oder es hebt seinen Kopf immer wieder und akzeptiert die Anstrengung und Unbequemlichkeit als einen normalen Zustand. Was kann es in dieser Stellung sonst machen?

Schauen wir uns jetzt dasselbe Baby an, wenn es auf dem Rücken liegt. Ohne Mühe kann es seinen Kopf ganz von der einen Seite zur anderen drehen, umherschauen, seine unmittelbare Umgebung kennen lernen und seine Nackenmuskeln stärken. Sein Brustkorb ist frei, deshalb kann es leichter und tiefer atmen. Es kann leicht seine Arme und Beine ausstrecken oder strampeln.

Der Entwicklung Ihres Babys Aufmerksamkeit schenken

Wenn man ein sehr kleines Baby hat, dann scheint das die Zeit zu verändern. Jeder Tag fühlt sich an, als würde er niemals enden. Wenn Sie Ihrem Baby dauernd zuschauen, besonders während der ersten Monate, dann scheint es so zu sein, als veränderte sich nichts und als täte das Baby überhaupt nichts Neues oder Interessantes.

Und doch, mit dem Zeitraffer betrachtet könnten Sie sehen, wie sich die Bewegungen verändern, erst ruckartig sind und dann geschmeidiger werden, wie die Augen gezielter schauen und natürlich wie das Baby mit dem ersten Lächeln plötzlich wie eine „wirkliche Person", wie ein „soziales Wesen" aussieht.

Wenn Sie die Kunst und Fertigkeit entwickeln, Ihrem Baby Aufmerksamkeit zu schenken, werden Sie auch sehen, dass alle Erfahrungen, die das Baby tagein, tagaus macht, Lernerfahrungen sind.

Ihr Baby spürt Unterschiede der Gefühle – Hunger oder Sattsein, Schmerz oder Wohlbehagen, Müdigkeit, Schläfrigkeit oder Wachheit. Dinge (zum Beispiel seine Hände) bewegen sich in sein Gesichtsfeld und wieder hinaus, sein Mund findet eine Hand und saugt daran, eine Stimme oder ein Gesicht (Ihres) wird vertrauter und bringt Erleichterung. Das alles ist für ein Baby ein sehr bedeutsamer und nützlicher Lernstoff.

Babys können mehrere Dinge bei einer einzigen Handlung lernen. Wenn es seinen Daumen findet, kann man das „Auge-Hand-Mund-Koordination" nennen, und man kann es auch als einen Vorläufer von Spielen ansehen. Wenn Ihr Baby einen Gegenstand anschaut, die Hand danach ausstreckt und ihn schließlich ergreift und bewegt, dann manipuliert es die Welt, ist in Interaktion mit ihr und bewirkt, dass etwas geschieht. Und auch dies ist wieder der Beginn des freien Spiels.

Die meisten Eltern sehr kleiner Babys leben in der ständigen Angst, ob sich ihr Baby wohl gut entwickelt. Ärzte haben selten die Zeit zu beobachten, wie sich ein Kind natürlich und auf eigene Initiative bewegt. Stattdessen halten sie sich gewöhnlich an „Meilensteine", um eine allgemeine Vorstellung davon zu bekommen, wo ein Baby auf der Kurve durchschnittlicher Entwicklung einzuordnen ist. Ich wünschte, sie würden daran denken und Eltern deutlich machen, dass es keinen bestimmten Punkt gibt, an dem Kinder diese Meilensteine erreichen „sollten".

Wie können junge Eltern Vertrauen bekommen? Mein Rat ist – schauen Sie Ihrem Baby zu. Gehen Sie auf Ihr Baby ein. Freuen Sie sich darüber, was Ihr Baby gerade tut. Wenn Sie die Bewegungen, seine wachsenden Fähigkeiten, sein Erforschen der Welt beachten und wertschätzen, dann denken Sie einfach an all die Freude, die Sie jeden Tag empfinden können.

Vom Rücken zum Bauch

Eines Tages wird sich Ihr Baby auf die Seite drehen und dann später auf den Bauch. Es kann ziemlich überrascht davon sein, wenn es sich in dieser neuen Position wiederfindet. Es müht sich und vielleicht gelingt es ihm, seinen Arm zu befreien (der gewöhnlich unter seinen Körper gerät), oder es schreit vielleicht, um Sie wissen zu lassen, dass es Ihre Hilfe braucht. In diesem Fall können Sie es hochnehmen und wieder auf den Rücken legen und schauen, wie es sich verhält. Wenn es ein unternehmungslustiges Kind ist, dann windet und bewegt es sich vielleicht, um wieder in die neue Stellung zu gelangen. Wenn es eher vorsichtig ist, dann bewegt es sich vielleicht langsam und schaut sich etwas irritiert um.

Aber wie auch immer es auf die Überraschung reagiert, wenn es sich die ersten Male umdreht, wird es bald in der Lage sein, sich absichtlich auf den Bauch zu drehen, seinen Kopf und seine Brust längere Zeit zu heben und sich innerhalb eines weiten Horizontes umzusehen. Und das wird genau der richtige Moment für es sein, auf dem Bauch zu liegen und davon zu profitieren.

Als ich sah, wie meine Tochter versuchte, sich allein umzudrehen, wollte ich ihr zu Hilfe kommen. Es war, als sähe ich mich selbst mich auf dem Boden winden, unfähig wie ein Käfer, der sich abmüht, wieder auf seine Beine zu kommen. Es fiel mir schwer, ihre Mühe und meine eigene auseinander zu halten. Ich holte tief Luft und vertraute Magdas Prinzipien. Ich blieb unterstützend dabei, während sie es immer wieder versuchte. Meine Tochter zeigte mir, dass ich ihre Mühe mit der unvermeidlichen Veränderung, die stattfinden musste, ertragen konnte. Sie wollte sich aus ihrer eigenen Kraft bewegen. Sie versuchte es immer und immer wieder. Ich ertrug ihr Bedürfnis zu kämpfen, und ich lernte, weniger Angst vor meinen eigenen Kämpfen zu haben.

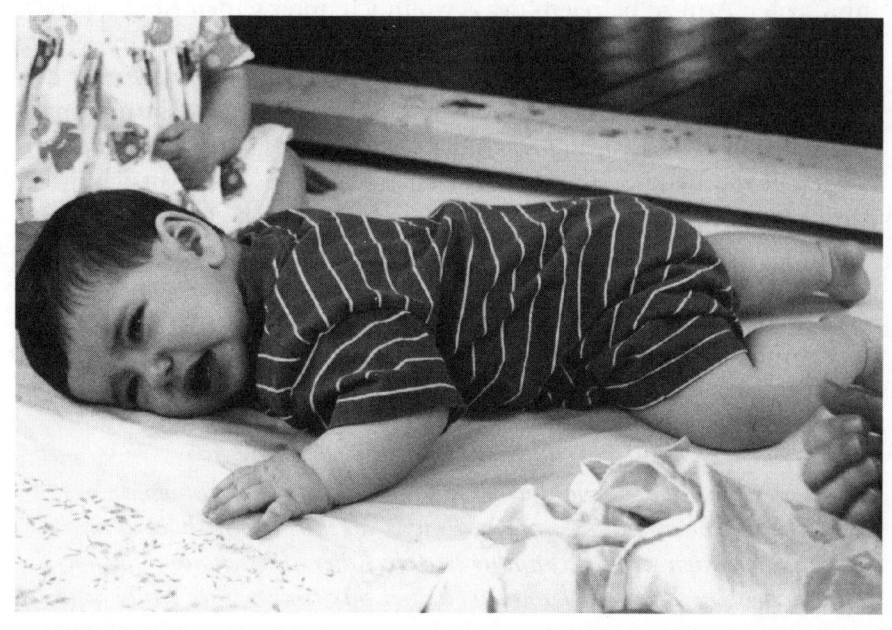

Weinen und Kolik

Viele Babys weinen häufig während der ersten Wochen, sogar während der ersten drei Monate.

Um zu wissen, was Ihr Baby braucht, gibt es keine Zauberformel. Man braucht Zeit, Geduld und dauernde Beobachtung, um die Gründe, weshalb ein Baby weint, unterscheiden zu lernen und angemessen zu reagieren.

Sie können sich nicht darauf vorbereiten, Ihre eigenen Gefühle von Empathie, Gereiztheit, Hilflosigkeit und vielleicht sogar Zorn zu erfahren, wenn Sie Ihr Baby weinen hören. Vielleicht hilft es Ihnen aber, wenn Sie sich daran erinnern, dass Ihr Baby in eine Welt kommt, in der alles vollkommen neu ist.

An Veränderungen anpassen

Babys müssen lernen, sich an ein Leben anzupassen, das sich sehr von dem unterscheidet, das sie im Bauch ihrer Mutter gewöhnt waren. Sie müssen Wahrnehmungen, die von innen kommen, und eine Flut von Stimuli, die von der Außenwelt kommen, unterscheiden. Sie fühlen sich vielleicht oft unwohl, und ihr Unwohlsein drücken sie durch Weinen aus.

Ihr Unwohlsein kann verschiedene Gründe haben: sie können Hunger haben, Schmerz empfinden, es kann sein, dass ihnen kalt oder zu warm ist, oder plötzliche Veränderungen der Lage oder zu viel Lärm, Licht oder Aktivität in der Umgebung des Kindes sind der Grund. (Eine oft wiederholte Überzeugung ist, dass Babys weinen, wenn sie sich langweilen. In Wirklichkeit weinen sie meistens eher, weil sie überstimuliert sind.)

Manchmal ist der Wechsel von Wachsein zu Schlaf eine empfindliche Übergangszeit. Auch weinen Babys nicht, im Gegensatz zu einem verbreiteten Glauben, weil sie naß sind. Sie weinen aber, wenn sie einen

Windelausschlag haben, der von einer nassen Windel herrührt oder wenn ihnen wegen der Nässe kalt ist. Ein sehr kleines Baby kann auch weinen, um Energie zu entladen.

Babys brauchen Zeit, um herauszufinden, wie sie sich selbst helfen können. Schließlich lernen sie, wie sie Blähungen loswerden, wie sie sich entspannen und einschlafen, wie sie am effektivsten Saugen können usw.

Auf ein weinendes Baby eingehen

Auf Weinen muss eingegangen werden. Aber dies ist ein komplizierteres Thema. Dem Rat zu folgen: „Lassen Sie Ihr Baby niemals weinen!" ist praktisch unmöglich. Manchmal werden alle umso besorgter, je mehr eine Mutter oder ein Vater sich bemüht, das Weinen des Babys zu beenden.

Was verschiedene Eltern tun, scheint sehr wesentlich von ihren eigenen Bedürfnissen beeinflusst zu sein, und von dem, was sie glauben. Eltern, die gerne essen, füttern ihr Baby vielleicht oft. Andere Eltern, die viel frieren oder denen es schnell zu warm wird, decken ihr Baby vielleicht zu oder ziehen es aus. Wieder andere Eltern nehmen ihre Babys hoch, bewegen sie heftig, tragen sie herum oder schaukeln sie, je nachdem, was sie lesen oder was „Experten" ihnen sagen.

Wie Eltern auf ihr Kind reagieren, „konditioniert" das Baby auch, bestimmte Reaktionen (Füttern, Zudecken, Wiegen) zu erwarten. Statt auf sein wirkliches Bedürfnis einzugehen, antworten die Eltern dann vielleicht auf ein künstlich erzeugtes Bedürfnis, das von ihnen selbst konditioniert ist.

Zum Beispiel werden ängstliche oder gereizte Eltern (Weinen macht gereizt!) sehr wahrscheinlich das tun, was die schnellste Erleichterung bringt – die Brust oder die Flasche geben. Das Baby akzeptiert sie fast immer, beruhigt sich und schläft oft ein. Natürlich ist das die richtige Lösung, wenn das Baby Hunger hat. Wenn es jedoch andere Bedürfnisse hat (zum Beispiel, wenn es müde ist oder wenn ihm etwas wehtut), dann lernt es, Nahrung als Reaktion auf diese anderen Bedürfnisse zu erwarten und nimmt die Brust oder die Flasche, auch wenn es nicht hungrig ist. Schnelle, leichte Lösungen können Spannungen unmittelbar mildern, aber sie können auch dazu führen, dass ungünstige Angewohnheiten entstehen.

Ruhiger Dialog

Wie können Sie helfen? Gehen Sie auf Ihr Baby ein, indem Sie es wissen lassen, dass Sie da sind und dass Sie sich um es kümmern.

Akzeptieren Sie zunächst, dass Sie nicht instinktiv verstehen, was genau Ihr Baby weinen lässt, und auch nicht, was Sie tun sollen. Versuchen Sie als Nächstes, ruhig mit dem Baby zu sprechen, statt mechanisch mit etwas Gewohntem wie Halten, Füttern oder Wickeln zu reagieren, um das Weinen zu beenden.

Denken Sie daran, dass Weinen die Sprache eines Babys ist – es ist seine Weise, Schmerz, Ärger und Traurigkeit auszudrücken. Erkennen Sie die Emotionen an, die Ihr Baby ausdrückt. Lassen Sie es wissen, dass Sie aufgenommen haben, was es Ihnen mitteilt.

Zum Beispiel können Sie ihm sagen: „Ich sehe, dass du dich nicht wohl fühlst. Und wenn ich höre, dass du weinst, dann mache ich mir wirklich Sorgen. Ich möchte herausfinden, was du brauchst. Sag es mir. Ich werde versuchen, deine Zeichen zu verstehen, und mit der Zeit wirst du lernen, dich mir verständlich zu machen." Oder: „Ich sehe, dass es dir nicht gut geht. Ich wünschte, ich wüßte, was dich so unglücklich macht." Dann denken Sie laut: „Kann es sein, dass deine Windel naß ist? Ich glaube nicht, dass du Hunger hast, weil du gerade gegessen hast. Vielleicht habe ich dich lange genug im Arm gehabt und du möchtest jetzt ein bisschen auf dem Rücken liegen." Das ist der Anfang einer lebenslangen, ehrlichen Kommunikation.

Ihr Baby wird einige Zeit brauchen, bis es sich entspannen, sich auf Ihre Pflege einstellen und Ihnen antworten kann. Versuchen Sie nicht einfach das Weinen zu beenden. Respektieren Sie das Recht des Kindes darauf, seine Gefühle oder Stimmungen auszudrücken. Versuchen Sie das Unwohlsein zu identifizieren und zu beseitigen.

Ihr Baby wird auf Ihre konzentrierte Aufmerksamkeit und auf Ihre ruhige Stimme reagieren. Wenn Sie leise und sanft sprechen, langsam mit Ihrem Gesicht näher kommen, es sanft hochnehmen und sicher in Ihren Arme wiegen und dann langsam in seine Wiege zurücklegen, dann wird ihm das schließlich Sicherheit geben und es wird sich beruhigen.

Kolik

Ziemlich oft begegne ich Familien mit sehr kleinen Kindern, die „Koliken haben". Meiner Beobachtung nach führt ein aufgeregtes Kind zu aufgeregten Eltern, die unglaublich aufgeregte Sachen machen, um ihr Baby zu „beruhigen". Mit ihnen spazieren gehen, sie mitten in der Nacht im Auto herumfahren, sie hin- und herschaukeln und hoch und runter bewegen – ich frage mich, warum?

Alle gesunden Babys weinen. Wir würden uns Sorgen machen, wenn sie nicht weinten – kein Kind kann ohne Weinen aufwachsen. Reagieren Sie auf das Baby und spiegeln Sie ihm, dass Sie da sind und dass Sie mit der Zeit lernen werden, die Gründe für sein Weinen zu verstehen.

Fangen Sie nicht mit irgendwelchen verrückten Tricks an. Kinder brauchen so etwas in keinem Alter und Sie auch nicht. Gewöhnen Sie Ihr Baby nicht an Ablenkungen, von denen Sie nicht wollen, dass es später davon abhängig wird.

Ihr Baby wird von ruhigen Eltern in einer ruhigen Atmosphäre lernen, sich zu beruhigen.

Eine Alternative zu anderen Ratschlägen

In unseren Gruppen stellen Eltern manchmal fest, dass der Ansatz des RIE das genaue Gegenteil von dem ist, was ihnen viele Leute, unter ihnen auch Kinderärzte, gesagt haben. Der gelassene Ansatz des RIE ist dennoch oft hilfreich gewesen, weil Koliken zurückzugehen scheinen, wenn übertriebene Stimulierung aus der Erfahrungswelt des Babys zurückgenommen wird.

Als Ethan Koliken hatte, befolgte ich jeden Vorschlag und jedes bisschen Rat, das ich bekam. Ich ging mit ihm auf und ab, ich nahm ihn hoch und setzte ihn ab, immer und immer wieder. Ich setzte ihn in so einen Sitz, der an einer Feder hängt, ich setzte ihn vor ein Fenster, ich machte Fahrten im Auto mit ihm, ich setzte ihn in seinem Autositz auf den laufenden Wäschetrockner, ich trug ihn in einem Tuch. Und doch schrie Ethan laut und ich schrie schweigend. Nach vier Monaten, war mir klar, dass ich etwas anders machen musste.

Als ich meinen ersten RIE-Kurs besuchte, war ich von den Babys dort sehr beeindruckt. Aber diese Kinder waren nicht wie mein Kind, sagte ich mir. Ethan konnte niemals ruhig und unabhängig auf dem Boden spielen, wenn ich dabei saß. Oh nein, Ethan war ein Baby mit

„bsonderen Bedürfnissen". Er brauchte mich. Jedoch erwies sich die Verzweiflung nicht als effektive Motivation.

Ich ging nach Hause und legte Ethan auf den Boden, auf seinen Rücken und legte ein paar passende Dinge in seine Nähe. Ich widerstand, was mir sehr schwer fiel, dem Impuls, ein Spielzeug vor seinem Gesicht zu bewegen oder ihm zu zeigen, was er damit machen könnte. Im Verlauf der nächsten Tage begann etwas ganz Erstaunliches zu geschehen. Ethan fing an, seine angespannten starren Glieder zu strecken. Er fing an, sich auf den Bauch zu rollen und Kontrolle über seinen wackelnden Hals zu bekommen. Die aufregendste Entwicklung war aber eine deutliche Zunahme seines Bewusstseins seiner selbst und seines Selbstvertrauens. Seine neu gefundene Freiheit führte zu meiner eigenen.

Vier Monate Kurse beim RIE haben eine tiefe Wirkung auf uns beide gehabt. „Tief?", fragen manche Leute. Also wenn Sie nie so eine Art Kolik überlebt haben, die dazu führt, dass Ihr Kind die Luft anhält, blau anläuft und einen Schweißausbruch bekommt, bevor es dann einen Schrei loslässt, der Tote aufwecken könnte – und das jede Stunde und täglich – dann haben Sie keine Ahnung, wie schrecklich das ist.

Das letzte, was Ethan brauchte, war mehr Stimulation. RIE gab uns eine sanfte, ruhige, entspannte Alternative zu den chaotischen und überanstrengten „Lösungen", die uns wohlmeinende Freunde und Verwandte vorschlugen.

Tragen

Für kleine Babys ist es wichtig, dass sie sowohl im Arm gehalten werden als sich auch frei in ihrem Bettchen bewegen können.

Oft glauben Eltern, dass Babys zu tragen gut ist und sie allein im Bettchen zu lassen nicht. Ich glaube Babys brauchen beides.

Es gibt physiologische Gründe dafür, warum ein Neugeborenes nicht dauernd getragen werden sollte. Zunächst muss es sich an seine neuen Fähigkeiten außerhalb des Mutterleibes anpassen, durch Treten, durch Sich-Dehnen durch Sich-Zusammenziehen und Sich-wieder-Strecken. In einem Bettchen kann es das nach Belieben tun – und mühelos. Ich sehe viele Kinder, die in Tragegestellen an ihren Müttern oder Vätern hängen. Die Babys sind nicht selten verkrampft und eingeengt; jede Bewegung der Eltern drückt sie weiter in das Tragegestell. Wann immer die Eltern sich bewegen oder gestikulieren, dann ist das für das Baby wie ein kleines Erdbeben!

Eltern, die ihre Babys die meiste Zeit tragen, geben ihren Kindern nicht die Gelegenheit, sich ihrem Entwicklungstand entsprechend zu bewegen.

Es gibt auch psychologische Gründe dafür, warum es im Sinne der Entwicklung nicht gesund ist, wenn Kinder rund um die Uhr getragen werden. Eltern sagen mir oft: „Ich möchte mein Baby immer halten, um ihm zu zeigen, wie sehr ich es liebe." Die meisten Tiere können Zuneigung nur durch Berührung zeigen, aber wir Menschen haben ein weites, differenziertes und verfeinertes Repertoire an Möglichkeiten, Liebe zu zeigen. Für mich zeigt ein reifer, entwickelter Mensch Liebe, indem er die Andersartigkeit des geliebten Menschen respektiert. Sie werden nicht nur dadurch gute Eltern, dass Sie auf Ihre instinktiven Eingebungen hören, sondern auch dadurch, dass Sie sehr aufmerksam mit Ihrem Baby sind und Ihrem Kind zuschauen. Sensibles Zuschauen hat seine Wurzel in

Respekt. Wie oft sehe ich Eltern, die ihre Babys halten oder in Vorrichtungen nah am Körper tragen, ohne sie im Geringsten zu beachten. Ist das nicht so, als würde man ihnen einen Schnuller in den Mund steckt? Es beruhigt das Baby oder lenkt es ab, und es wird an eine künstliche Lösung für reale Probleme gewöhnt.

Oh ja, Babys haben Probleme. Hunger, Unwohlsein und das Bedürfnis nach Schlaf sind alles dringende Bedürfnisse. Eine der ersten Aufgaben, die auf ein Baby zukommen, ist diese Bedürfnisse auszudrücken. Wenn ein Baby seine Eltern dazu bringt, ihm zu helfen, ist das eine gelungene Kommunikation

Gegenseitiges Verstehen ist ein langer, andauernder Prozess. Das Leben eines Babys ist: „Ich habe Hunger – ich weine – du fütterst mich." Wie ist es mit: „Ich bin müde – ich weine." Aufgabe der Eltern ist es, die Zeichen des Babys verstehen zu lernen, um diese Bedürfnisse angemessen zu befriedigen. Grundbedürfnisse sollten befriedigt werden. Eltern, die die Hinweise des Kindes richtig verstehen und seine Bedürfnisse befriedigen, fördern die Fähigkeit des Kindes, klare Hinweise zu geben. Eltern aber, die sie nicht genau verstehen, überfüttern vielleicht ein müdes Baby, das in Wirklichkeit Schlaf bräuchte. Entsprechend trägt ständiges Tragen nicht dazu bei, dass ein Baby den Unterschied zwischen Für-sich-Sein und Zusammensein zu erkennen lernt – ich meine wirklich mit jemandem zusammen zu sein, Auge in Auge, wirklich in Kontakt, wirklich aneinander interessiert zu sein.

Bevor ich Kurse des RIE besuchte, hatte ich meine Tochter überallhin mitgenommen. Als sie drei Monate alt war, lernte ich bald, dass ich loslassen und doch tief verbunden bleiben konnte. Meine Tochter brachte sich selbst bei, sich auf den Bauch zu drehen, sich aufzusetzen und zu laufen, und lehrte mich in dem Prozess, dass ich sie lassen konnte. Sie lehrte mich, dass es alle möglichen Dinge gibt, die sie ohne mich machen kann.

Wenn Tia weinte, war das Einzige, was zu helfen schien – aber auch nicht immer, und meistens nicht ganz – sie zu tragen. Ich fragte mich, was mit dem friedlichen Baby passiert war, von dem ich erwartet hatte, dass es unabhängig und glücklich auf dem Boden liegt. Mein begrenztes Verständnis des RIE vermittelte mir das Gefühl, dass ich versagte, weil ich sie so oft aufnehmen musste.

Bei meinem aufgeregten Anruf bei Magda, fragte ich sie, was ich mit einem Baby tun sollte, das nur getragen werden wollte. Magdas Antwort verblüffte mich: „Trage sie", sagte sie.

Ich ließ fast den Hörer fallen. War das dieselbe Frau, die für Respekt für die Autonomie und die Unabhängigkeit des Kindes eintrat? Sie fuhr fort: „Glaubst du, dass RIE so unflexibel ist?"

Ich hatte nicht nur gedacht, dass es nur eine einzige Weise gibt, wie man sich nach dem RIE als Eltern verhalten sollte, ich glaubte auch, ich könnte nur eine Art Kind haben: einen süßen, lächelnden Engel. Die Realität meines schreienden Kindes hatte dieses Bild zerstört und mich in einen Zustand der Verwirrung und der Desorientierung versetzt. Langsam wurde mir klar, dass es nicht bedeutete, dass wir gegen die Prinzipien des RIE verstießen, wenn wir sie viel hielten. Es bedeutete vielmehr, dass wir das Bedürfnis eines Neugeborenen und auch unsere eigenen Bedürfnisse respektierten. In diesen ersten Monaten ging es uns jedenfalls viel besser mit Tias Weinen, wenn wir sie aufnahmen.

Jetzt kann ich Magdas Antwort besser verstehen: Am Tragen eines weinenden Babys gibt es nichts, was RIE widerspräche, aber den Eltern muss bewusst werden, was sie tun und warum sie es tun. Ein Baby zwei Stunden lang ohne Unterbrechung zu tragen kann Ihnen selbst gegenüber respektlos sein, ganz zu schweigen von Ihren Armen. Und ein Baby, dem es nicht gut geht, hochzuwerfen oder zu schütteln ist nicht unbedingt ein Zeichen von Sensibilität für die wirklichen Bedürfnisse des Kindes. Wenn wir uns so verhalten, dann kann es ein, dass wir damit eigentlich erst ein Bedürfnis erzeugen, das vorher nicht da war.

Es wäre vielleicht leichter gewesen, wenn wir mehr über die Entwicklungsstufen eines Kindes gewußt hätten. Wir waren nicht in der Lage, die erste Erprobungsphase als eine vorübergehende Phase zu sehen. Uns kam es so vor, als würde es Tia niemals Spass machen, auf den Boden gelegt zu werden. Mit der Zeit gab es jedoch immer mehr gute Tage und die schlechten Tage verblaßten in unserer Erinnerung. Als Tia drei Monate alt war, fing sie an, dem Bild, das ich mir von meinem Baby gemacht hatte, mehr zu entsprechen — obwohl die Realität meiner Tochter viel reicher und viel vielfältiger als alles war, was ich mir je vorgestellt hatte.

Daumen oder Schnuller

Manche Kinder werden mit ihrem Daumen im Mund geboren oder haben sogar schon im Uterus am Daumen gelutscht, wie man weiß. Wir wissen aus der Literatur wie aus der Beobachtung von Kindern, dass sie ein starkes Bedürfnis nach Saugen haben. Man bezeichnet dies oft als den Sauginstinkt oder Saugreflex.

Saugen beendet auch das Weinen. Als Ergebnis gibt man vielen weinenden Kindern die Brust oder die Flasche, nicht weil sie Nahrung brauchen, sondern um ihr Weinen zu beenden. Einem weinenden Kind die Brust, die Flasche, einen Schnuller oder einen Beißring in den Mund zu schieben ist eines der am meisten gebrauchten Beruhigungsmittel. Das geht schnell und ohne viel Aufwand, und es funktioniert.

Saugen ist ein Bedürfnis, das auf Instinkt beruht, und Erwachsene reagieren darauf auch eher instinktiv als objektiv. Wenn eine Mutter sagt: „Es macht mich verrückt, wenn ich meinen fünfjährigen Sohn sehe, wenn er seinen Daumen in den Mund steckt" oder „Wie abstoßend dieser Zweijährige aussieht, wenn er an seiner Decke saugt", dann ist es ganz offensichtlich, dass tiefere emotionale Schichten in den Eltern berührt sind.

Im Laufe der Geschichte hat Daumenlutschen viele heftige Gefühle ausgelöst. Man hat es eine „schlechte Angewohnheit" genannt, und man hat es für vorstehende Zähne und ungehorsame, zurückgezogene oder unersättliche Kinder verantwortlich gemacht. Das Thema oraler Befriedigung hat in der Gesellschaft zu widerstreitenden Standpunkten geführt. Eltern war geraten worden, ihre Kinder physisch davon abzuhalten, indem sie ihre Arme festbinden, Ärmel über ihre Hände ziehen, Handschuhe oder Ellbogenschienen gebrauchen oder ihnen etwas Bitteres auf die Daumen schmieren sollten. Zu sanfteren Interventionen gehörte, dass man ihnen den Daumen aus dem Mund nahm, einen Ersatz gab und ablenkte, sie bestach oder Ablehnung zeigte.

Alle diese Reaktionen vermitteln einem Kind in einem sehr frühen, beeindruckbaren Alter das Gefühl, dass etwas, was sich so gut, tröstend, natürlich und praktisch anfühlt, schlecht ist. Das kann ein Kind dahin bringen zu glauben, dass ihm später als Konsequenz etwas Schlechtes zustoßen wird, wenn es sich gut fühlt, oder dass man es nicht verdient hat, dass es einem gut geht. Es ist so, als pflanzte man Samen von Zweifel und Unsicherheit daran, dass man selbst oder dass die Außenwelt gut ist.

Daumen oder Schnuller

Der Daumen gehört dem Kind. Es muss ihn entdecken und lernen, wie es ihn als Teil seines eigenen Körpers verwenden kann. Er steht immer zur Verfügung. Er fällt nicht auf den Boden und wird schmutzig oder geht verloren, wenn man ihn braucht. Das Kind kann ihn in den Mund stecken und wieder herausnehmen, je nach seinen Bedürfnissen oder Wünschen. Im Verlauf dieses Prozesses lernt es, wie es sich allein trösten und wie es für sich selbst sorgen kann. Normalerweise wird das Kind den Daumen nur dann benutzen, wenn und solange es ihn wirklich braucht. Und doch runzeln manche Eltern die Stirn, wenn es um Daumenlutschen geht.

Ich weiß nicht, wann der Schnuller erfunden worden ist, aber er ist sehr alt. Vielleicht diente es in einer früheren Epoche dem Überleben, wenn man ein Kind still halten musste. In Zeiten, in denen der Glaube verbreitet war, dass Kinder vollkommen passiv und hilflos gehalten werden sollten, wurden Kinder fest eingewickelt, geschaukelt und von jeder Aktivität abgehalten – und sie wurden auch wirklich passiv und still.

In unserer Zeit werden Schnuller vor allem aus den folgenden Gründen gegeben: um Weinen zu beenden, um das Bedürfnis nach Saugen zu befriedigen, um ein Kind zum Einschlafen zu bringen, um es bei einer Kolik zu beruhigen und um Daumenlutschen zu verhindern.

Der Schnuller ist ein Stöpsel. Er hält ein Kind vom Weinen ab, aber die Frage ist, ob ein Kind nicht ein Recht darauf hat zu weinen? Sollte einem Kind nicht erlaubt werden, seine Gefühle auszudrücken und sie mitzuteilen? Seinen Mund zuzustöpseln vermittelt die Botschaft: „Tue nicht, was natürlich kommt. Tue was uns, deinen Eltern, gefällt. Ich bestimme, was du fühlen solltest und wie du deine Gefühle zeigen solltest."

12

Wenn man einem kleinen Kind etwas in den Mund steckt, fängt es an zu saugen. Wird aber sein wirkliches Bedürfnis nach Saugen befriedigt oder wird der Schnuller dann gegeben, wenn die Eltern dieses Bedürfnis in es hineininterpretieren? Wenn der Schnuller benutzt wird, um ein Kind einschlafen zu lassen, dann ist das oft dann, wenn der Erwachsene entscheidet, dass das Kind schlafen sollte. Außerdem gibt es keinen Beweis dafür, das Nuckeln am Schnuller bei einer Kolik eher oder besser Erleichterung verschafft als Daumenlutschen.

Viele Eltern ziehen den Schnuller dem Daumenlutschen vor. Warum diese erregte Debatte? Was sind die wirklichen oder befürchteten Gefahren beim Daumenlutschen? Eltern beklagen sich darüber, dass sie nachts oft geweckt werden, weil dem Baby der Schnuller aus dem Mund gefallen ist. Und doch ziehen sie diese Situation einer vor, bei der das Kind die Kontrolle hat. Manche haben die Sorge, dass Kind könnte noch im Kindergarten am Daumen lutschen oder noch länger. Andere behaupten, sie könnten den Schnuller ja immer noch wegwerfen, wenn das Kind zu alt für ihn wird. Wieder bestimmen die Eltern.

Bei diesem Thema geht es nicht nur darum, ob man den Schnuller oder den Daumen vorzieht. Das eigentliche Thema ist, wer bestimmt.

Julia machte einen erstaunlichen Prozess durch, als sie lernte an ihrem Daumen zu lutschen. Während der ersten drei Wochen ihres Lebens gab es Momente, in denen wir dachten, Julia würde gerne etwas haben, woran sie saugen könnte. Sie machte heftige Saugbewegungen. Mit etwa zweieinhalb Wochen hatte sie schließlich zufällig ihren Daumen im Mund. Es machte ihr Spass, an ihrem Daumen lutschen zu können. Während der nächsten Tage versuchte sie ohne Erfolg, ihren Daumen in ihren Mund zu stecken. Manchmal führten ihre Anstrengungen zu Frustration und Unruhe. Wir fragten uns, ob wir eingreifen sollten, aber entschieden uns dafür, es sie selbst versuchen zu lassen. Als es ihr dann gelang, ihren Daumen wieder in den Mund zu stecken, war die Befriedigung, die man ihr anmerkte, für uns eine Belohnung. Manchmal nahm Julia ihren Daumen einfach nur in den Mund, um eben das zu tun. Bei anderen Gelegenheiten saugte sie an ihm, um sich zu beruhigen.

Die nächste Hürde hatte sie zu überwinden, als sie lernen wollte, ihren anderen Daumen in ihren Mund zu stecken. Sie brauchte ein paar Tage mehr, und ein beträchtliches Maß an Mühe, um herauszufinden, wie sie ihren rechten Daumen kontrollieren konnte. Wenn sie frustriert war, konnte sie sich wenigstens damit trösten, dass sie an ihrem linken Daumen saugte. Als sie schließlich Kontrolle über ihren rechten Daumen hatte, war sie glücklich. Sie saugte eine Weile an ihrem rechten Daumen, dann an ihrem linken usw. Wir glauben, dass Julia nichts davon zu dem jeweiligen Zeitpunkt entdeckt hätte, wenn sie einen Schnuller bekommen hätte.

Ein unerwarteter Gewinn der Entdeckung des Daumenlutschens war, dass es Julia dabei half, sich nachts selbst um sich zu kümmern. Wir entdeckten, dass sie die Nacht nicht notwendigerweise durch- schlief. Statt mitten in der Nacht von ihrem Weinen geweckt zu wer- den, wurden wir von lautem Daumenlutschen geweckt! Wenn sie kei- nen Hunger hatte, konnte sich Julia nun nachts mit Daumenlutschen beruhigen. Wir lernten schnell, trotz des Daumenlutschens zu schla- fen. Wenn Julia uns brauchte, dann weinte sie.

Educaring

im Alltag

13

Im eigenen Tempo und auf eigene Weise

Kinder tun immer, was sie tun können – und man sollte von ihnen nicht erwarten, dass sie etwas tun, wofür sie noch nicht bereit sind. Beim RIE erlauben wir Kindern das zu tun, wozu sie von sich aus bereit sind und was sie gerne tun möchten.

Jedes Kind entwickelt sich seinem eigenen, von innen her geleiteten Zeitplan entsprechend. Es gibt große Unterschiede in Bezug darauf, zu welchem Zeitpunkt Kinder sich aufsetzen oder stehen können, ihre ersten Schritte machen oder ihre ersten Worte sprechen. Es hat keine Konsequenzen für die spätere Entwicklung, ob ein Kind sehr früh oder sehr spät anfängt zu gehen oder zu sprechen. Warum warten wir dann nicht geduldig, bis es auf natürliche Weise dazu kommt? Mit anderen Worten, zum perfekten Zeitpunkt.

Natürliche grobmotorische Entwicklung

Jedes Baby bewegt sich mit mehr Leichtigkeit und Geschick, wenn man ihm erlaubt, dies in seinem eigenen Tempo und auf seine eigene Weise zu tun, ohne dass man versucht, es ihm beizubringen. Ein Kind, dem immer erlaubt wurde, sich frei zu bewegen, entwickelt nicht nur einen beweglichen Körper, sondern auch ein gutes Gefühl für das, was es kann und was es nicht kann. Ein gutes Körperbild, ein gutes Raumempfinden und eine gutes Gleichgewichtsgefühl zu entwickeln hilft dem Kind, nicht nur zu lernen sich zu bewegen, sondern auch zu fallen und wieder auf die Beine zu kommen. Kinder, die auf diese Weise aufwachsen, haben kaum jemals schwere Unfälle.

Lernen durch Bewegen

In vielen Kulturen haben Menschen die Auffassung entwickelt, dass Kinder nichts lernen, wenn man es ihnen nicht beibringt. Unter dem Deckmantel des Lehrens und der Pflege hat man enges Wickeln, Anbinden an Bretter, Tragen in Tüchern und Taschen eingeführt, sie in Kindersitze oder Laufgestelle gesetzt und damit zugleich in ihrer Bewegung eingeengt. Die Tatsache, dass alle „normalen" Kinder laufen lernen, macht ihre erstaunliche Flexibilität deutlich.

Es hat sich erwiesen, dass es zu einer natürlichen Entwicklung grobmotorischer Fähigkeiten kommt, wenn ein Kind viel Bewegungsraum in einer sicheren, altersgemäßen und anregenden Umgebung hat. Viele Menschen können das jedoch schwer glauben.

Wenn man Babys beobachtet, die sich und frei und ohne Einmischung der Eltern bewegen dürfen, kann man leicht erkennen, dass sie lernen sich graziös und sicher zu bewegen und dass sie durch endloses Wiederholen und Üben einen guten Gleichgewichtssinn entwickeln. Wenn sie nicht unterbrochen werden, sind Babys vollkommen bei dem, was sie gerade tun. Diese Art von Sinneserfahrung ist Lernen und für die Eltern ist es eine große Freude zuzuschauen! Ein Vater, der mich fragte, ob er mit seinem Baby Übungen machen oder mit ihm in eine Gymnastikgruppe gehen sollte, war ziemlich erstaunt, als ich ihm vorschlug, einmal eine Stunde lang alle Bewegungen seines Babys nachzuahmen und dann zu entscheiden, ob es zusätzliches Training brauchte.

Sehen zu lernen, wie Babys sich bewegen, bedeutet auch zu sehen, wie Erwachsene wissentlich oder unwissentlich ihre Bewegung beeinflussen. Das ist ein Schlüssel für das Verständnis der Grundidee des RIE.

Bereitsein

Im Gegensatz zu unserem Ansatz habe ich oft Kinder gesehen, denen etwas beigebracht wurde, die zu etwas ermutigt wurden und von denen etwas erwartet wurde, wofür sie noch nicht reif waren. Zu viele Kinder werden aufgesetzt, wenn sie eine gut balancierte sitzende Haltung noch nicht aufrechterhalten können, oder man gibt ihnen ein Spielzeug, was sie weder frei gewählt haben noch frei handhaben können. In gleicher Weise werden Kinder davon abgehalten, sich frei zu bewegen, wenn man sie in Vorrichtungen setzt, wie Kindersitze, Gehhilfen oder Schaukeln. Solche Geräte führen Haltungen oder Bewegungen ein, für die das Kind noch nicht reif ist.

Wenn Kinder reif sind, etwas zu tun, dann tun sie es. Genau genommen müssen sie es tun, wenn sie so weit sind.

Wenn ich Zentren oder Familien besuche, dann bin ich oft traurig oder frustriert, weil die Kinder meiner Ansicht nach wunderbare Dinge tun. Die Erwachsenen aber sagen: „Warum tun sie denn nichts?" Und etwas zu tun bedeutet dann immer etwas, was die Kinder noch nicht tun können. Wenn wir einem Kind die Botschaft geben: „Wenn du nur..." oder „Wenn du nur nicht...", dann hat dieses Kind das Gefühl, dass mit ihm etwas nicht in Ordnung ist.

Versuchen Sie, sich in dieses Kind hineinzuversetzen: Sie haben das Gefühl, Sie müssten etwas leisten, Sie müssten etwas tun, Sie müssten etwas schaffen. Wenn Sie friedlich auf Ihrem Rücken liegen, dann sollten Sie sitzen. Auch wenn Sie nicht aufrecht sitzen können, dann sollten Sie das. Sie haben das Gefühl, dass wichtige Menschen in Ihrem Leben etwas von Ihnen erwarten, was Sie nicht erfüllen können.

Wie auch immer, ein Kind, das nicht sitzen kann, kann nicht sitzen. Ja, Sie können Kissen um ein Kind herum legen, aber das vermittelt nur die Illusion, dass es sitzen kann. Sitzen bedeutet, dass das Kind sich durch alle Stufen, vom Liegen zum Sitzen, hindurchentwickelt hat. Sitzen lernen ist etwas anderes als sitzen. Es geschieht nicht auf die Weise, wie viele Menschen sich das vorstellen – dass man ein Kind erst einmal in eine sitzende Position bringt, damit es das lernt.

Meilensteine der Entwicklung

Die Forschungen im Lóczy* haben eine große Variationsbreite der Entwicklung von normalen ungarischen Babys gezeigt, denen erlaubt wurde, die Meilensteine motorischer Entwicklung auf natürliche Weise zu erreichen. Zum Beispiel war es für ein Baby ziemlich normal, wenn es irgendwann zwischen 19 und 39 Wochen damit anzufing, sich vom Rücken auf den Bauch zu drehen. Ein Baby, das sich allein auf seinen Bauch drehen konnte, fing in dieser Position irgendwann zwischen 22 und 41 Wochen nach seiner Geburt zu spielen an. (Dazu gehört, dass es seinen Kopf bequem selbst halten und sich vom Rücken auf den Bauch und wieder zurück drehen kann.) Der Zeitpunkt, wann Babys anfingen, sich selbst aufzusetzen, lag in dem Zeitraum zwischen 38 Wochen und 16 Mona-

---

* Das Lóczy (jetzt Pikler Institut) ist ein international anerkanntes Zentrum für auf Erfahrung beruhender Kleinkindforschung. Ein großer Teil der Philosophie des RIE beruht auf der Arbeit des Lóczy.

ten, und irgendwann zwischen 40 Wochen und 16 Monaten fingen sie an, bequem in einer sitzenden Haltung zu spielen. Sie sehen, dass der normale Spielraum erstaunlich groß war.

Woher können wir wissen, ob unsere Erwartungen entwicklungsgemäß sind? Durch Beobachten und Akzeptieren dessen, was das Kind von sich aus initiiert und allein für sich übt, und die Freude daran.

Obwohl es Normen für eine durchschnittliche Entwicklung gibt, sollten wir uns nicht zu sehr um sie kümmern, außer ein Kind zeigt viele Anzeichen dafür, dass es „anders" als seine Altersgenossen ist. Eltern und Fachleute, die immer auf die nächste „Errungenschaft" warten, verpassen traurigerweise die wunderbaren kleinen Veränderungen, die dauernd geschehen.

Zuverlässigkeit:
Ihrem Kind helfen,
sich sicher zu fühlen

Was jedes kleine Kind braucht, ist Sicherheit.

Sicherheit ist fast ein „Körpergefühl", das jedes Kind spüren kann. Die Art und Weise, wie wir ein Kind aufnehmen und tragen, kann dieses Gefühl nähren oder schwächen. (Haben Sie einmal gesehen, wie Kinder getragen werden und ihr Kopf dabei hin- und herwackelt? Das gibt ihnen kein Gefühl von Sicherheit.)

Alles, was Sie tun oder nicht tun, wirkt sich darauf aus, wie ein Kind sich fühlt. Wir glauben, dass, wenn Sie alles sehr, sehr langsam tun und wenn Sie das Kind mit einbeziehen, das Kind das Gefühl bekommt, dass es sehr wichtig ist. Von Geburt an sollten wir versuchen, das Kind mit einzubeziehen.

Wenn Babys mit neuen Reizen, neuen Orten und neuen Erfahrungen überschüttet werden, dann ist es sehr schwierig für sie, sich anzupassen und vertrauen zu lernen.

In einer überschaubaren Umgebung und bei einem regelmäßigen, zuverlässigen Tagesablauf geht es ihnen gut, sie weinen weniger und das Leben ist für Eltern wie Kinder leichter. Kinder, die sich nicht zu sehr an unnötige Stimulation anpassen müssen, werden schließlich ihre Schlaf- und Essgewohnheiten selbst regulieren. Diese Regelmäßigkeit wird dann wiederum den Eltern Zeit für ihre eigenen Bedürfnisse und Interessen geben.

Mit Veränderungen umgehen

Alles im Leben verändert sich. Nacht in Tag, Frühling in Sommer, Raupe in Schmetterling, ein Kleinkind wird Kind und dann erwachsen. Von allen Stadien menschlichen Lebens ist die Kleinkindzeit die Zeit schnellsten Wachstums. Dieses Wachstum auf allen Gebieten – physisch, geistig und emotional – bedeutet dauernde Veränderung. Dies sind natürliche Veränderungen. Es gibt auch Veränderungen, die von außen auf uns zukommen: Kriege, Tod, Erdbeben – Dinge, über die wir wenig Kontrolle haben, wenn überhaupt. Im alltäglichen Leben haben wir auch mit von Menschen veranlassten Veränderungen zu tun – manche sind notwendig, manche sind nicht notwendig.

Die Reaktionen von Kleinkindern auf das Leben und auf die Umwelt sind in großem Maß von der Entwicklungsstufe des Kindes bestimmt und verändern sich sehr schnell. Wenn wir einen Zeitraffer benutzen würden, dann könnten wir ein fünf Monate altes Baby sehen, das auf dem Boden liegt und zum Tisch hinaufschaut; mit elf Monaten zieht es sich vielleicht zum Tisch hoch und mit achtzehn ist es vielleicht auf den Tisch hinaufgeklettert. Derselbe Raum, derselbe Tisch – nur das Baby hätte sich verändert.

Weil Babys so schnell wachsen und sich verändern, müssen wir ihnen so viel Sicherheit mitgeben, wie wir können, um ihnen eine sichere Basis zu geben, von der aus sie mit den Veränderungen umgehen können, die sowohl aus der Umwelt als auch aus ihnen selbst heraus auf sie zukommen.

Die Kindheit ist die Zeit, in der diese solide Basis entstehen muss. Je sicherer ein Kind ist, umso leichter kann es sich an Neues anpassen. Und Ihr Kind wird sicherer, wenn sein Leben im Allgemeinen ruhig und überschaubar ist.

Ein zuverlässiger Tagesablauf

„Zuverlässig" bedeutet, dass Sie einem Baby von Anfang an vorher sagen, wenn es zu einer Veränderung kommt – auch die kleinste Veränderung, wie „Ich werde jetzt das Licht anmachen" oder „Ich werde dich jetzt hochnehmen" oder „Ich gehe jetzt auf die Toilette". Obwohl es vielleicht seine unmittelbare Reaktion ist, die Veränderung zu ignorieren oder gegen sie zu protestieren, wird es angesichts von Veränderungen bald Selbstsicherheit entwickeln.

Es mag wie ein Widerspruch aussehen, wenn man ein Kind auf unsere hektische Welt vorbereitet, indem man es an einen angenehmen, überschaubaren und gleichbleibenden Tagesablauf gewöhnt. Manche Eltern fragen sich tatsächlich, ob sie ihr Kind nicht besser auf unsere schnelllebige Gesellschaft vorbereiten, wenn sie es schon früh vielen Veränderungen aussetzen. Meine Antwort lautet Nein. Wenn wir Umständen ausgesetzt sind, die wir nicht vorhersehen und nicht verstehen können und an denen wir nicht aktiv teilnehmen können, fühlen wir uns hilflos, wie bei einer Fahrt auf einem Karussell, das nicht anhält. Wenn wir auf der anderen Seite wissen, welche Veränderung auf uns zukommt, dann haben wir das Gefühl, vorbereitet zu sein, mitbestimmen zu können. Wir werden auch umso flexibler, je sicherer wir uns fühlen – wie ein guter Skiläufer, dessen aktiv gebeugte Knie als Stoßdämpfer wirken und ihn vor Stößen schützen.

Sollten wir versuchen, Kinder vor jeder Veränderung zu schützen? Nein – das ist unmöglich. Wir alle müssen in unserem Leben ein Gleichgewicht finden. Mit dem Unerwarteten umzugehen kann leichter werden, wenn man eine konsistente, übergreifende Ordnung einhält. Menschen ziehen um, lassen sich scheiden, heiraten, bekommen noch ein Kind oder finden einen neuen Job, der eine neue Zeitplanung nötig macht. Es ist leichter mit größeren Veränderungen umzugehen, wenn die kleinen Lebensgewohnheiten (wie Baden, Anziehen und Schlafengehen) davon unberührt bleiben. Sie können gelegentlich in einer anderen Badewanne baden, in einem fremden Bett schlafen, aber trotzdem baden sie, und dann gehen sie schlafen. Aus diesen einfachen Gewohnheiten kann man inmitten von Veränderung Selbstvertrauen und ein Gefühl von Sicherheit und Beständigkeit erhalten.

Reisen, Familienbesuche und andere besondere Ereignisse

Eltern fragen oft, wie sie ihre Kinder auf einen Urlaub oder einen Familienbesuch, eine lange Autofahrt oder irgendein besonderes Ereignis vorbereiten können.

Planen Sie, viele vertraute Gegenstände mitzunehmen – Tücher, Bettzeug, Schmusedecken, Spielsachen, wenn möglich auch ein transportables Kinderbettchen, um die vertraute Umgebung des Kindes herzustellen. Versuchen Sie so viel wie möglich beizubehalten – Tagesablauf, Essen; die Art, wie Sie mit Ihrem Kind umgehen, usw. Durch diese einfachen Gewohnheiten entwickelt das Kind ein Gefühl von Beständigkeit, Sicherheit und Selbstvertrauen auch inmitten einer Veränderung.

Viele Eltern finden es wirklich schwierig, ihr Kind vor dem „Angriff" wohlmeinender Familienmitglieder und Freunde zu „schützen". Mein Rat lautet, von Anfang an zu sagen, dass es Ihrem Kind besser geht, wenn es Zeit hat, sich an neue Situationen und Menschen anzupassen. Kritisieren Sie nicht, was andere tun, bleiben Sie einfach sanft und fest bei

Ihren eigenen Prinzipien – lassen Sie zum Beispiel nicht zu, dass Ihr Kind herumgereicht wird wie eine Puppe.

Familie und Freunde sagen Ihnen vielleicht oder denken, Sie seien verrückt oder überbehütend. Nehmen Sie diese Vorwürfe hin und übernehmen Sie still für Ihren Standpunkt Verantwortung. Sie werden bald Ihre „Sturheit" akzeptieren und lernen vielleicht sich an Ihnen und Ihrem Baby unter Ihren Bedingungen zu freuen.

Aber egal wie gut sie mit der Situation umgehen, gibt es vielleicht doch Schwierigkeiten, wenn Sie von einem Besuch oder einem Urlaub zurückkommen. Versuchen Sie, die gleichen Gewohnheiten wieder aufzunehmen, die sie vor Ihrer Reise hatten. Sie können sagen: „Ich weiß, dass du bei Großmutter länger aufgeblieben bist, aber jetzt sind wir wieder zu Hause." Wenn Sie Geduld haben und verständnisvoll und konsequent sind, dann wird ziemlich bald alles wieder so gehen wie gewohnt.

Unterbrechungen

Es macht mich sehr traurig, wenn ich die vielen unnötigen Veränderungen sehe, denen Kinder ausgesetzt werden. Die meisten Erwachsenen scheinen sich nicht einmal bewusst zu sein, dass sie ein Kind unterbrechen, und sie haben Mühe, mich zu verstehen, wenn ich versuche, es zu erklären.

Ich benutze gern folgendes Bild: Wenn jemand bei einem Wissenschaftler hereinplatzen würde, der gerade dabei ist, die Geheimnisse des Universums zu entdecken, würde es diesem Menschen in den Sinn kommen, den Forscher mit einer banalen Bemerkung über das Wetter oder die eben gekauften neuen Schuhe zu unterbrechen? Nein, der Wissenschaftler ist mit sehr wichtiger Forschung beschäftigt und wenn eine Unterbrechung wirklich notwendig wäre, dann würde man eine passende Einleitung finden.

Aber wie ist es bei einem Baby? Dieselbe Person denkt sich vielleicht nichts dabei, wenn sie ein Baby aufnimmt – zum Beispiel um nachzusehen, ob die Windel gewechselt werden sollte, oder vielleicht auch aus keinem anderen Grund, als das Baby eben aufzunehmen. Dieses Baby war vielleicht gerade mit einem sehr wichtigen Forschungsprojekt beschäftigt, nämlich wie seine Hand aus dem Blickfeld verschwindet, wenn es seinen Arm in die eine Richtung bewegt, und wunderbarerweise wieder auftaucht, wenn der Arm in die andere Richtung geht. Bei Babys wie bei Erwachsenen sollte man überlegen, ob eine Unterbrechung notwendig ist; und wenn ja, dann sollte man warten, bis sich eine passende Einleitung findet. Auf diese Weise zeigen wir unseren Respekt für die Wichtigkeit dessen, was Kinder zu jeder Zeit tun und lernen.

Eine sichere Umgebung

Zusammenfassend gesagt, wenn es unser Ziel ist, dass Kinder an ihrem Leben und ihrer Pflege teilnehmen können, dann müssen wir ihnen die Möglichkeit geben, sich auf Veränderungen einzustellen. Eine stabile, überschaubare und sichere Umgebung ist das beste Fundament, das ein Kind haben kann, um das Selbstvertrauen und das Selbstwertgefühl zu entwickeln, das nötig ist, um mit Veränderungen im Leben umzugehen.

Von Anfang an habe ich Nathan jedesmal gewarnt, wenn ich ihn in seinen Kindersitz im Auto gesetzt hatte, bevor ich die Autotür schloss. „Jetzt kommt die Tür!", sagte ich dann, und „Wumm!" fiel dann die Tür zu. Nachdem ich dieses kleine Ritual etwa zehnmal wiederholt hatte, beobachtete ich, dass Nathan, der erst ein paar Wochen alt war, seine Augen schloss, bevor die Tür ins Schloss fiel. Er konnte sich selbst, mit seinen Mitteln, auf das laute Geräusch und die ruckartige Bewegung einstellen.

Aufgrund von Magdas Hinweisen entwickelte ich die Gewohnheit, meiner Tochter zu sagen, wenn ich irgendwohin ging, und wenn es auch nur das nächste Zimmer war, und auch zu sagen, wie lange ich wegbleiben würde. Kürzlich zeigte sich eine Wirkung dieser Interaktion, als wir am Strand spielten. Meine Tochter, die zwanzig Monate alt ist, beschloss einen Ausflug von etwa fünf Metern zu machen, von dem Platz aus, an dem ich saß, zur Schaukel. Sie drehte sich zu mir um, schaute mich an und sagte: „Zurück" und hielt ihren Zeigefinger hoch, um eine Minute anzuzeigen.

Zuschauen lernen ...

Babys kommunizieren von Geburt an. Wenn Ihre Haltung ist: „Ich weiß nicht von selbst, was du brauchst, bitte sag es mir", dann wird das Baby lernen, Ihnen kleine Zeichen zu geben, und es wird sich ein Dialog entwickeln. Wenn Eltern auf der anderen Seite nur von ihren Interpretationen der Schwierigkeiten, die das Baby vielleicht haben mag, ausgehen, dann kann es sein, dass das Kind verlernt, angemessene Reaktionen auf seine Bedürfnisse zu erwarten, und stattdessen lernt anzunehmen, was die Eltern ihm anbieten.

Das ist der Unterschied zwischen Verstandenwerden und Mißverstandenwerden. Verstandenwerden führt zu Sicherheit, Vertrauen und Selbstvertrauen. Mißverstandenwerden erzeugt Zweifel, sowohl in einen selbst wie auch in die eigenen Wahrnehmungen.

Wie können wir nun lernen, mehr zu verstehen statt misszuverstehen? Was sollten wir tun? Die Antwort lautet: mehr zuschauen, weniger tun.

Mehr zuschauen, weniger tun

Ist das ein leichter Prozess? Überhaupt nicht! In unserer Gesellschaft werden wir nur darauf gedrillt, permanent aktiv zu sein. Und wenn das nicht so ist, dann muss man so tun, als wäre man ständig aktiv. Man muss so tun, als wäre man sehr beschäftigt, weil Aktivsein als tugendhaft gilt. Nichtstun gilt als Faulheit und diese wird nicht besonders geschätzt. Kaum jemand spricht über Aufmerksamkeit und Achtsamkeit.

Je mehr wir tun, umso geschäftiger sind wir und umso weniger aufmerksam sind wir in Wirklichkeit.

Wenn Sie eine Weile damit verbringen, still im selben Zimmer zu sein, während Ihr Kind sich allein beschäftigt, ohne mit ihm spielen, ihm etwas beibringen oder sich sonst um es kümmern zu wollen – einfach nur erreichbar sind –, wird Sie dies für die Bedürfnisse Ihres Kindes, sein eigenes Tempo und seine Eigenart viel empfänglicher machen.

Das hört sich vielleicht leicht an, aber in Wirklichkeit ist es sehr schwierig. Sie müssen die Fähigkeit, die Geduld und die angemessene Haltung erst entwickeln.

Sehr wenige Menschen haben die Kunst des Zuschauens gelernt; die meisten können die konzentrierte Arbeit, die dazu gehört, nicht wertschätzen. Es bedeutet, dass man nicht nur sieht, was das Baby tut, sondern auch, dass man entdeckt, was es in diesem Prozess lernt und ob oder wie Erwachsene helfen sollten.

„Neu" sehen

Warum ist Zuschauen so schwer? Weil wir die Tendenz haben, das zu sehen, was wir schon „wissen", woran wir glauben, statt das, was vor unseren Augen tatsächlich geschieht. Theoretisch müssten Sie sich erst leer machen: Sie müssten beiseite lassen, worauf Sie für Ihr Kind hoffen und was Sie besonders besorgt macht – mit anderen Worten, was Sie gerne sehen würden und was Sie zu sehen fürchten. Eine gewisse Zeit lang müssen Sie sich „distanzieren" und so schauen, als sähen Sie diesen kleinen Fremdling, dessen Bedürfnisse sie häufiger erraten als erkennen, zum ersten Mal.

Wir müssen lernen so zu sehen, wie ein Baby sieht – ganz neu.

Lassen Sie alle anderen Themen los, die Ihnen durch den Kopf gehen, und seien Sie wirklich aufmerksam. Stellen Sie sich ganz auf alles ein, was Ihr Kind tut, und versuchen Sie dabei seinen „Standpunkt" zu verstehen. Versuchen Sie zu beobachten, was es interessiert, wie es mit Frustration umgeht und wie es kleine Schwierigkeiten löst. Kinder sprechen unsere Sprache noch nicht, aber sie geben uns viele, viele Zeichen.

Und was ist der Gewinn?

Wenn Sie lernen, wie Sie die Persönlichkeit Ihres Kindes wahrnehmen und verstehen können, dann wird sich auch die Qualität Ihrer Interaktionen verbessern.

Wenn Sie gelernt haben, wie man wahrnimmt, wie man ganz aufmerksam ist, dann wird sich Ihre Beziehung zu anderen Menschen ebenfalls verändern, auch mit Erwachsenen. Sie geben ihnen quasi ein Geschenk, wenn Sie ihnen mit Ihrem aufmerksamen Verhalten sagen: „Du bist mein Interesse und meine ganze Aufmerksamkeit wert."

Jeder Mensch hat es gern, wenn man ihm zuhört, wenn er echte Beachtung bekommt und sich verstanden, angenommen, bestätigt und geschätzt fühlt.

Ich glaube, mit das Schwierigste, was wir jeden Tag tun, wenn wir mit den Babys arbeiten [in einem vom RIE anerkannten Kinderzentrum], ist, das ganze Gepäck loszulassen, das wir mit uns herumtragen. Ich hab Magda oft sagen hören, dass wir uns vorstellen sollten, dass am Eingang ein großes Gefäß stünde, das dazu da sei, alle unsere Vorurteile, unsere Launen, unsere Ungeduld, Stress und sogar unsere übertriebenen Glücksgefühle aufzunehmen. „Lasst all das los und betretet den Raum ruhig", sagt sie, „und bereit, ganz an jedem Kind anteilzunehmen." Warum? Weil wir jedes Mal, wenn wir mit einem Baby zu tun haben, das nicht über seine Bedürfnisse, Frustrationen und Wünsche sprechen kann und auf Zeichen, Blickkontakt, Laute und Gesten angewiesen ist, das Risiko eingehen, unsere eigenen Gefühle, Ängste, Enttäuschungen und Emotionen auf das Baby zu projizieren. Dann wäre die Kommunikation mit dem Baby misslungen und es würde das Vertrauen verlieren, dass seine Bedürfnisse befriedigt werden. Zum Beispiel muss jemand, der Probleme mit dem Essen hat, aufpassen, dass er nicht auf den Hunger eines Babys reagiert, indem er es überfüttert oder zu wenig oder mit Zwang füttert. Jemand, der nicht gut geschlafen hat, reagiert vielleicht auf die Unruhe oder Quengeligkeit eines Babys mit der Annahme, es brauche ein Schläfchen. Manchmal lacht jemand mit einem Baby und ist übertrieben ausgelassen und bemerkt dabei nicht den unzufriedenen Ausdruck im Gesicht des Babys. Für Menschen, die Probleme mit Konflikten oder Kommunikation haben, ist es vielleicht schwierig, zwei Babys ihren Konflikt auf ihre eigene Weise austragen zu lassen, und sie mischen sich immer ein, damit sie aufhören.

Es gibt viele Variationen dieses menschlichen Phänomens und die einzige Möglichkeit, wie man sich davor schützen kann ist, dass man sich jeden Tag gewissenhaft bemüht herauszufinden, worin das Gepäck besteht, und es dann an der Tür zurückzulassen. Je mehr wir den Tag mit einem offenen Geist beginnen und den Babys zuschauen, ihnen zuhören, verstehen lernen, auf welche Weise sie kommunizieren und ihnen ihre Individualität zugestehen, umso mehr lernen wir über die Babys wie auch über uns selbst.

... und abwarten!

Vor vielen Jahren habe ich einmal ein Kind gesehen, das auf dem Boden lag und auf eine ganz traumhafte, schöne Weise versuchte, etwas zu fangen. Ich sah überhaupt nichts, aber ich wusste, dass das Kind etwas sah. Erst als ich umherging, bemerkte ich, dass der Staub in der Luft einen Regenbogen erscheinen ließ, und das war es, was das Kind sah.

Dieses Erlebnis ist meine „symbolische Erinnerung" geworden. Wenn nun Menschen ein wenig vorschnell etwas tun, dann möchte ich sagen: „Das Kind sieht vielleicht gerade den Regenbogen – unterbrechen Sie es nicht. Warten Sie ab."

Zeit für nicht unterbrochenes Spielen

Je weniger wir unterbrechen, umso leichter entwickeln Kinder eine lange Aufmerksamkeitsspanne. In vielen Büchern steht, dass ein Baby eine kurze Aufmerksamkeitsspanne hat, aber das ist nicht ganz wahr. Wenn für Kinder gut gesorgt ist, wenn sie tun können, woran sie im Moment gerade interessiert sind, und wenn sie niemand unterbricht, dann haben sie eine viele längere Aufmerksamkeitsspanne, als wir ihnen zutrauen.

Kinder werden, im Gegensatz zu den Vorstellungen Erwachsener, von Schwierigkeiten während des Spielens, gewöhnlich nicht übermäßig frustriert. Wenn ein Spielzeug sich irgendwie verhakt oder ein Ball wegrollt, dann macht ihnen die Situation vielleicht sogar Spass und ganz bestimmt lernen sie aus ihr – wenn Erwachsene nicht das Problem für sie lösen.

In einem gewissen Maß wird die Reaktion des Kindes auf mögliche Frustrationen von der Reaktion des Erwachsenen beeinflusst. Schon ein sehr kleines Kind wird sich umschauen, um die Reaktion des Erwachsenen herauszufinden, wenn es zu einem dieser rätselhaften, unerwarteten

Ereignisse kommt. Eine ruhige, achtsame Bemerkung wie: „Oh, der Ball ist weggerollt", erlaubt Ihrem Baby, seine Rolle als Initiator in seinem Spiel zu behalten und zu entscheiden, wie es mit der Situation umgehen will.

Manchmal wird Eltern, die nicht sehr aufmerksam waren, dies plötzlich bewusst, und sie sagen dann zum Beispiel: „Oh, du hast so einen schönen Turm gebaut!" Und wissen Sie, was passiert? Das Kind hört auf, den Turm zu bauen. Statt eine Verbindung mit dem Kind und seinem Spielen herzustellen, unterbricht eine solch plötzliche Bemerkung das Spiel. Wenn wirkliche Empfindsamkeit da ist, dann ist der Blick der Eltern ruhig und präsent, wenn das Kind aufschaut und den Blick der Eltern sucht. Das kann dann der richtige Augenblick für eine Bemerkung sein.

Bewusst intervenieren

Warten Sie ab! In vielen Situationen heißt Warten Schwierigkeiten sich selbst lösen lassen.

Bewusst intervenieren bedeutet wissen, wann man nicht interveniert, und das ist viel schwieriger als wahllos einzugreifen.

Wenn ein Kind in eine schwierige Situation gerät (zum Beispiel irgendwo hochklettert), dann ist es wichtig, ihm zu erlauben, alles zu tun, was ihm selbst möglich ist, und das bedeutet, dass wir abwarten müssen und immer wieder warten.

Aber wir kommen näher, damit das Kind weiß, dass wir zu Verfügung stehen, und das führt zu einem gewissen Maß an Sicherheit. Statt die Botschaft zu vermitteln: „Wenn du in Schwierigkeiten kommst, dann schrei einfach und ich rette dich", möchten wir eher das Gefühl vermitteln: „Ich glaube, du wirst damit fertig, aber wenn nicht, dann bin ich da."

Oft werden Sie merken, dass das Kind nicht wirklich Ihre Hilfe gebraucht hat, auch wenn Sie erst gedacht hatten, Sie müssten helfen.

Ich warte lieber, bis das Kind mich wirklich wissen lässt: „Ich werde nicht mehr damit fertig." (Und wenn das passiert, dann ist es sehr wichtig zu wissen warum – ist es vielleicht müde?)

Sie können einfach fragen, auch ein Kind, das noch nicht spricht: „Brauchst du Hilfe?" oder als letzte Möglichkeit vielleicht „Soll ich dir herunterhelfen?"

Wenn wir Kindern die minimale Hilfestellung geben, die sie brauchen, um aus einer Sackgasse herauszukommen, dann zeigen wir ihnen damit unser Vertrauen in ihre Fähigkeiten und erlauben ihnen, sich daran zu freuen, wie sie ihre eigenen Handlungen meistern.

Nathans erste Kletterexperimente machte er mit ein paar niedrigen Holzkästen in seinem Zimmer. Diese Kästen stehen auf ihren Seiten und dienen als ebenerdige Behälter für seine Spielsachen. Mit etwa acht Monaten fing Nathan an zu versuchen auf diese Kästen zu klettern. Er zog sich in den Stand hoch, lehnte seinen Körper über den für ihn hüfthohen Kasten und versuchte sich hinaufzuwinden. Eines Nachmittags, nachdem er es etwa eine Woche lang versucht hatte, entdeckte er die Technik, die er brauchte, um auf dem Kasten zu knien. Ich war ein wenig nervös, als ich ihn da oben sah, doch er war so mit sich selbst zufrieden, dass ich meine Angst hinunterschluckte und näher zu ihm kam, jedoch ohne einzugreifen.

Nach ein paar Momenten entschied Nathan, dass es Zeit war, wieder herunterzukommen – aber wie? Er schaute auf den Boden, dann mich an und fing an zu jammern. Ich blieb nah bei ihm und reagierte auf sein Klagen mit ruhigen, ermutigenden Worten, bot ihm aber keine physische Hilfe an. Nach drei langen Minuten versuchte Nathan verschiedene Methoden des Abstiegs, verwarf sie der Reihe nach, schaute mich immer wieder an und wimmerte. Da ich ihn nicht „rettete", kehrte er immer wieder zu seiner Arbeit zurück. Schließlich brachte er seine Beine über die Kante, die Füße auf den Boden und verschwand in das andere Zimmer. Er hatte das Problem gelöst.

Eine halbe Stunde später krabbelte er in das Zimmer zurück und zu dem Kasten, kletterte hinauf, machte einen Augenblick Pause, kletterte dann wieder hinunter und krabbelte davon, ohne mich auch nur einmal anzuschauen. Es war, als wollte er sicher sein, dass er diese Fertigkeit jetzt beherrschte.

Authentisches Kleinkind, kompetentes Kind

Ein authentischer Mensch ist jemand, der nicht dauernd eine Rolle spielen muss – jemand der sich selbst treu ist. Wenn Sie wollen, dass ein kleines Kind authentisch ist, dann müssen Sie daran interessiert sein, wer diese kleine Person wirklich ist. Das bedeutet, dass Sie umso mehr lernen, je weniger Sie sich vorstellen, wie das Baby sein sollte.

Erwachsene haben oft eine vorgefertigte Form, in die sie ein Kind zu pressen versuchen – etwas von dem sie wollen, dass das Kind es sei. Wenn dies geschieht, kann das dazu führen, dass das Kind heranwächst, ohne ein Gefühl davon zu haben, wer es wirklich ist oder was es wirklich will, weil ein authentischer Kern fehlt.

Verwirrende Botschaften

Vor vielen Jahren habe ich über die unvergeßliche, unangenehme Erfahrung geschrieben, die Dr. Emmi Pikler und ich machten, als wir einen Schwimmkurs für kleine Kinder besuchten. Die Schwimmlehrerin hielt eine sensible Ansprache vor der Gruppe, in der sie den Eltern darlegte, dass das Ziel nicht sei, den Kindern das Schwimmen beizubringen, sondern ihnen nur zu helfen, Spass am Wasser zu haben. Gleich nach diesem Vortrag verwandelte sie sich dann aber in einen befehlenden Unteroffizier und brüllte: „Haltet eure Kinder, taucht sie bis zum Hals ins Wasser! Bis zur Nase! Über ihre Köpfe! Habt Freude dabei!" Und tatsächlich befolgten die Eltern alle Anweisungen, einschließlich des „Freudehabens", zeigten ein breites Lächeln und wiederholten: „Macht das nicht Spass?"; „Uns macht das Spass" und schauten dabei in die überraschten und verängstigten Gesichter ihrer Babys. Nur die Mutter eines anscheinend erschöpften Babys sagte: „Ich glaube, das ist jetzt genug für dich", holte das Baby aus dem Wasser und ließ es am Beckenrand ausruhen.

Wie war es möglich, dass diese liebevollen, bemühten Eltern die Gefühle ihrer Kinder nicht verstehen oder erkennen konnten? Es sah aus wie: „Ich sehe, was ich sehen möchte" oder „Mir macht es Spass, dann sollte es dir auch Spass machen" oder „Du hast keinen Grund, dich aufzuregen, wenn ich mir solche Mühe gebe das zu tun, wovon ich weiß, dass es gut für dich ist".

Was haben diese Babys wirklich gelernt oder erlebt? Wie verwirrend muss es aus der Sicht des Kindes gewesen sein, sich so elend zu fühlen und zu sehen, dass der Mensch, dem man am meisten vertraut, die Angst nicht spürt, sondern es anlächelt. Kein Wunder, dass so viele Erwachsene eine Therapie brauchen, um herauszufinden, was sie wirklich fühlen.

Ich sehe ein solch unsensibles Verhalten immer wieder. Ich habe Mütter in solchen Momenten sagen hören: „Ich liebe dich so sehr," wenn ihr wahres Gefühl eher war: „Ich kann dein Weinen nicht mehr aushalten." Ist diesen Eltern bewusst, dass sie sich selbst und ihre Kinder einer Gehirnwäsche unterziehen?

Kleinkinder als Objekte?

Solche konträren Botschaften scheinen schon sehr früh anzufangen, wenn Eltern ihren Kindern mehr als Objekte denn als Menschen begegnen.

Manche Eltern werfen kleine Kinder in die Luft, „weil es dem Baby Spass macht". Und tatsächlich, nach vielen solchen Würfen haben Kinder ein ähnlich von Angst verzerrtes Lächeln (und einen angespannten Körper) wie Kinder und Erwachsene auf einer Achterbahn. Eltern sehen mehr das, was sie sehen wollen, als das, was wirklich ist.

„Es ist nichts passiert" wird einem Kind immer wieder gesagt, das sich wehgetan hat und sich eben nicht so fühlt, als sei nichts geschehen. Ich würde dem Kind viel eher zugestehen, sich so zu fühlen, wie es sich fühlt, und dann erst einmal abwarten. Wieder wirkt das magische „Abwarten", weil Emotionen ihren Anfang und ihr Ende haben – auch Wutanfälle haben einen Anfang und ein Ende.

Kitzeln ist körperlich erregend und wird von Erwachsenen oft benutzt, um ein trauriges oder müdes Kind in ein kicherndes zu verwandeln. Traurigkeit, Unwohlsein, Frustration – das sind alles wichtige menschliche Gefühle. Warum sollten wir sie unterdrücken wollen?

Immer wenn ich Aussagen höre oder lese, die Erwachsene zu solchen Aktivitäten anregen, die die Kinder dazu „stimulieren" zu reagieren (den Bauch küssen, mit den Fingern krabbeln und „Ich kriege dich" sind andere Beispiele), dann ist mir unwohl. Ich halte es für respektlos, ein kleines Baby zu kitzeln. Ich ziehe es vor, auf das einzugehen, was ein Kind initiiert, statt das Kind zu stimulieren und anzuregen.

Ich bin vielleicht überempfindlich, aber es stört mich auch, wenn ich einen Erwachsenen sehe, der ein weinendes, aufgeregtes oder trauriges Kind anlächelt. Warum wollen wir die Stimmung und die Gefühle kleiner Kinder manipulieren?

Vielleicht dient dies alles nur dazu, Kinder darauf vorzubereiten, die Als-ob-Spiele zu spielen, die unsere Gesellschaft spielt. Die ganze Werbung beruht darauf, dass Menschen etwas glauben oder tun, was man ihnen einredet. Der Erfolg unserer ganzen Wirtschaft hängt von dieser Beeinflußbarkeit der Menschen ab – intelligenten Menschen wird das unglaubliche aber begehrte Resultat, das ein Produkt verspricht, eingeredet (Kilos und Falten verschwinden usw.), indem Wunschdenken mit Wirklichkeit gleichgesetzt wird.

Ich frage mich manchmal, ob wir in einer Gesellschaft funktionieren könnten, in der wir aufrichtiger miteinander sein können. Müssen wir unsere wirklichen Gefühle verstecken?

Echte und aufrichtige Kommunikation

Wir sollten Babys nicht davon abhalten zu weinen, indem wir automatisch etwas in ihren Mund stecken. Wenn ein Erwachsener zu einem weinenden Kind sagt: „Es ist alles gut!" oder einem Baby automatisch etwas in den Mund steckt, erkennt er nicht an, was das Kind mitteilt. Babys haben ein Recht zu weinen und zu fühlen, was sie fühlen, mit dem Wissen, dass ein freundlicher Erwachsener da ist, der wenn möglich hilft.

Akzeptieren Sie die Gefühle Ihres Babys, positive wie negative. Und erlauben Sie Ihrem Kind, etwas über Sie zu erfahren.

Seien Sie aufrichtig in Ihren Interaktionen. Sie brauchen kein Lächeln zu zeigen, wenn Sie mitten in der Nacht aufgeweckt werden. Dann sind Sie schläfrig und verhalten sich dementsprechend.

Empfindsames Zuschauen

Beim RIE ermutigen wir Eltern zu lernen ruhig und gelassen bei ihren Babys zu sein, ihnen zuzuschauen und ihren Babys zu erlauben, authentisch zu sein, so wie sie wirklich sind.

Es gibt etwas, das wir alle wertschätzen und uns wünschen. Das ist wirkliche Aufmerksamkeit, nicht unechte. Authentizität, kein Als-Ob. Wenn wir uns darin üben könnten, jeden Tag für eine kurze Zeit ungeteilt aufmerksam zu sein (einmal, zweimal oder öfter), dann könnten wir etwas über den anderen Menschen erfahren. Wir müssten auf den Gesichtsausdruck, auf die Stimme, auf Körpersprache, Haltung, Gespanntheit oder Entspanntheit usw. achten. Und wenn wir in der Kunst der Wahrnehmung sensibilisiert und geübter werden, dann können wir vielleicht die größte Herausforderung angehen: nach innen zu schauen – uns selbst zu sehen, wahrzunehmen und kennen zu lernen.

Ihrem Baby zuschauen zu lernen ist ein langer und langsamer Prozess. Wenn es Ihr Ziel ist, Ihrem Baby zu ermöglichen, ein echter, authentischer Mensch zu werden, dann ist das die lohnendste Investition.

Zeit von besonderer Qualität

Zeit von besonderer Qualtiät (*quality time*)! Wir alle reden davon. Wir alle wollen sie, für unsere Kinder wie für uns selbst. Aber wissen wir wirklich, was diese Qualität der Zeit ausmacht?

Letztlich ist dies volle Aufmerksamkeit ohne Eile. Unter den richtigen Umständen ist es eine friedliche, lohnende Zeit für beide Seiten, weil es idealerweise eine Zeit ist, in der es keine Ambivalenz gibt – eine Zeit für offenes Zuhören und den Versuch, den Standpunkt des anderen ganz zu verstehen. Zu solchen einzigartigen Momenten kann es unter vielen Umständen kommen und davon gibt es zwei Arten.

Zeit, in der man nichts will

Das ist dann, wenn die Eltern nichts mit dem Kind machen wollen, keine anderen Pläne haben, als einfach mit dem Kind zusammen zu sein: nur auf dem Boden sitzen, verfügbar sein, mit allen Sinnen wach für das Kind da sein, schauen, zuhören, nur an das Kind denken. Das klingt leicht, aber nur wenige können dies wirklich.

Die meisten von uns sind daran gewöhnt und darauf konditioniert, etwas zu tun. Zeit, in der man nichts will, ist anders, mehr eine Zeit zum Aufnehmen und Warten. Wir nehmen das Sein des Kindes mit unserem eigenen rezeptiven Sein wahr. Unsere Präsenz sagt dem Kind, dass wir wirklich da und uns seiner bewusst sind. Wenn Sie während dieser Zeit wirklich das Gefühl haben, Sie sollten etwas tun, oder wenn Sie in Gedanken bei der Frage sind, was Sie kochen sollten oder wen Sie anrufen sollten usw., dann ist es nicht die richtige Zeit sich in dieser stillen Anwesenheit zu üben.

Es ist ein freifließender Raum, in dem das Kind nicht das Gefühl haben sollte, es müsste etwas leisten, weil die Eltern die Art fordernder Botschaften senden, wie zum Beispiel: „Ich bin jetzt hier, was sollen wir machen?" Wenn das Kind Sie zu ignorieren scheint und etwas ganz allein macht, gehen Sie nicht weg. Es ist sehr angenehm für das Kind, wenn es weiß, dass Sie da sind, wirklich da, ohne den Druck, dass es etwas tun muss, um Ihre Aufmerksamkeit zu behalten.

Wenn das Kind allein in der Gegenwart der Eltern spielt, dann lernt es, sich auf seine eigene innere Sicherheit zu verlassen. Wenn Sie sich so einem Neugeborenen zuwenden, wenn Sie lernen, das Kind ganz zu sehen, dann entdecken Sie eine Person, die sich entfaltet, während Sie zuschauen. Eine Zeit, in der man nichts will, bringt keine unmittelbaren Resultate. Erinnern sie sich immer wieder daran. Alles, besonders etwas Neues, braucht Zeit und Geduld. Zuerst muss man pflanzen, dann kann geerntet werden. Geben Sie, was sich für Sie richtig anfühlt, dann keimt es langsam. Zeit mit dieser besonderen Qualität ist sowohl eine Investition in die Zukunft Ihres Kindes wie auch in die Gegenwart. Sie sind erreichbar und warten. Das Kind ist der Initiator.

Zeit, in der man etwas will

Das ist dann, wenn Sie ausdrücklich ein Ziel haben, das Sie zusammen erreichen wollen, wie Anziehen, Baden, Füttern usw. Auch dies sollte als Zeit von besonderer Qualität angesehen werden. Sie können sicherstellen, dass das Kind weiß, dass diese Zeit anders ist als die Zeit, in der Sie nichts wollen, wenn Sie sagen: „Jetzt möchte ich dich wickeln", „Jetzt ist es Zeit, dich anzuziehen" usw.

Das ist eine Zeit, wenn Ihnen Kooperation am Herzen liegt und Sie die Zeit dazu nutzen möchten zu lernen, wie man eine Aufgabe zusammen erledigt, und erwarten, dass das Kind teilnimmt. Es sollte so werden, dass es Ihnen beiden Freude bereitet, wenn Sie etwas gemeinsam tun. Ihre Präsenz ist genauso da, außer dass Sie während dieser Zeit auch Erwartungen haben. Das ist der Anfang der Einführung und des Übens einer gewissen Art von Disziplin, Dinge, die nun einmal sein müssen, zu erledigen.

Etwa mit zwei Jahren ist es die wichtigste Aufgabe eines Kindes, autonom zu werden. Davor sind Sie mit dem Kind in einer „symbiotischen" Beziehung verbunden: Eltern und Kind sind fast wie eins. Sie sind emotional aufeinander angewiesen – und aus dieser Bindung müssen sich beide schließlich lösen. Das ist die Ablösungs- beziehungsweise Individuationsphase, wenn das Kind ein Individuum wird. Das braucht lange Zeit. Während dieser Ablösungsphase erprobt das Kind seine Flügel, indem es einen neckt, herausfordert und Spielchen spielt.

Es gibt zwei Haltungen, die beim Umgang mit diesen Spielchen hilfreich sind:

1. Sie erkennen diese Verspieltheit an und freuen sich mit dem Kind daran,
2. aber wenn es Zeit ist weiterzumachen, dann sind Sie entschieden.

Sie lassen ein wenig Zeit, um das Spielchen zu spielen, und lassen das Kind auch wissen, dass Sie spielen. Dann werden Sie bestimmt und sagen: „Jetzt ist es Zeit." Sie weichen nicht zurück; Sie bleiben bei Ihrer Botschaft: „Jetzt musst du angezogen werden. Wir haben gespielt, aber jetzt ist es Zeit. Kannst du es allein oder soll ich es machen?" Jetzt lassen wir uns nicht auf weitere Spielchen mit dem Kind ein, weil wir ein konkretes Ziel haben. Versuchen Sie, nicht ärgerlich zu werden. Seien Sie sachlich und nicht aggressiv. Ärger reizt das Kind nur, mehr spielen zu wollen. Sie reagieren in dieser Phase nicht auf herausforderndes Verhalten. Das Spielen ist vorbei. „Ich hätte es gerne mit dir zusammen gemacht, aber jetzt muss ich es für dich machen. Vielleicht kannst du etwas mithelfen. Magst du das hochziehen?" Spielchen machen und necken gehört ganz eindeutig zu dieser Entwicklung, aber gleichzeitig erwarten wir von dem Kind, dass es kooperiert: „Ich tanze mit dir und dann tanzt du auch mit mir."

Gemeinsam wachsen

Zeit von besonderer Qualität ist eine Zeit des Wachstums, der Bewegung und des Fließens. Wenn Sie diesen beiden Arten von Qualität Zeit widmen können (Aktivitäten, bei denen Sie nichts wollen, und solche, bei denen Sie etwas wollen), dann wachsen Sie wirklich mit Ihren Kindern. Es ist die Qualität der Zeit, die Sie widmen, die so viel bewirkt. Machen Sie sich keine Sorgen, wenn Sie nicht jeden Tag in dieser Weise zusammen sein können, die Kontinuität Ihrer Beziehung wird dadurch nicht unterbrochen. Das, was konsistent und nicht mechanisch geschieht, ist das, was zählt. Sie können stundenlang, quantitativ lange, zusammen sein, ohne dabei wirklich miteinander in Kontakt zu sein, ohne sich wirklich zu sehen, einander zuzuhören oder aufeinander zu antworten. Das ist nicht, worum es bei dieser Zeit von besonderer Qualität geht.

Das Schöne dieser besonderen Art von Präsenz ist die Weise, wie sich dies auf das Kind auswirkt, wenn es älter wird, und später auf den Erwachsenen, der auf solche Weise aufwachsen konnte. Sie werden feststellen, dass diese Kinder nicht das Gefühl haben, dass man sie zwingen muss, sich mitzuteilen. Sie können ruhig bei den Eltern sitzen und sich dann öffnen, wenn sie möchten. Das Kind fühlt sich nicht manipuliert.

Was Sie mit Ihrem Kind tun, ist eine Investition in die Zukunft. Diese Zeit von besonderer Qualität ist das, was jeder in Wirklichkeit möchte: Zeit und Aufmerksamkeit schenken und geschenkt bekommen.

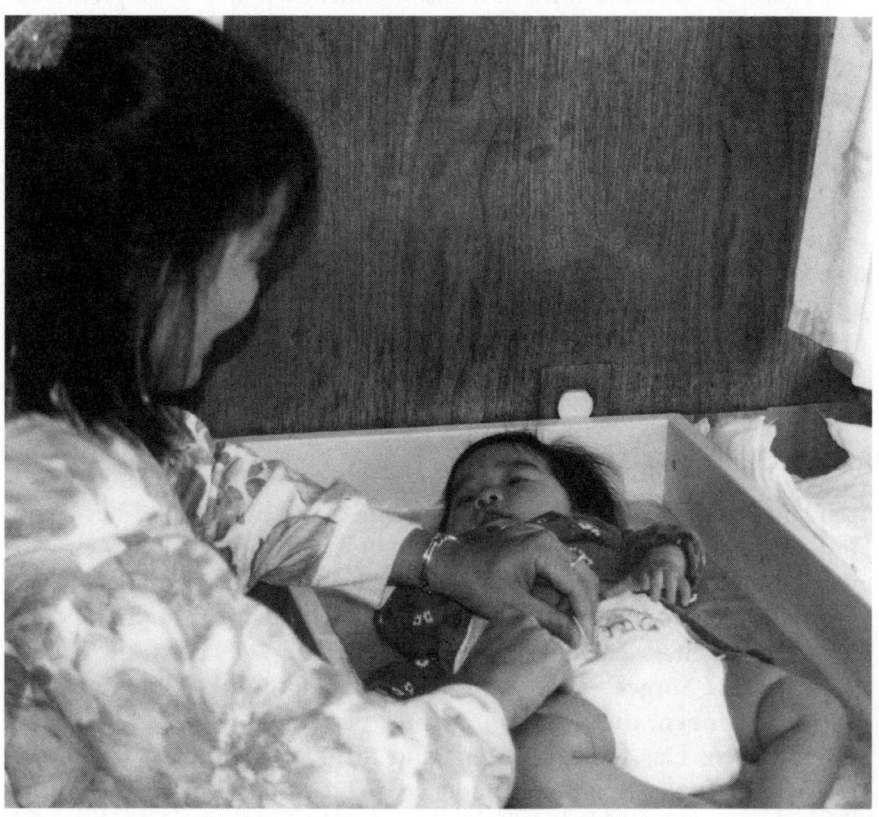

Wickeln

Was glauben Sie, wie oft ein Baby gewickelt wird? Sechs- oder sieben-
tausend Mal. Warum machen wir es dann nicht auf eine angenehme
Weise? Warum machen wir es nicht zu einer Lernerfahrung? Warum wollen wir nicht, dass ein Kind es genießt, wenn es gewickelt wird?

Wickeln ist sehr wichtig.

Die tägliche Pflicht der Eltern oder anderer Pflegepersonen von Säuglingen und Kleinkindern, das Wickeln, wird manchmal als eine unangenehme Aufgabe, als eine hygienische Maßnahme oder als etwas gesehen,
was sich außerhalb vom Spielen und Lernen eines Kindes abspielt. Wir
sollten uns aber beim Wickeln daran erinnern, dass wir nicht nur reinigen, sondern dem Kind auch auf ganz intime Weise nah sind.

Wir alle werden in unserem Leben positiv oder negativ von Erfahrungen geprägt, die sich häufig wiederholen. Eine der frühesten Erfahrungen dieser Art machen wir, wenn wir gewickelt werden, und viel Zeit
und Energie des Kindes und der Eltern werden während der zwei, drei
ersten Lebensjahre, in denen das Kind sehr empfänglich und aufnahme-
bereit ist, darauf verwandt.

Während des Wickelns ist das Baby den Eltern nahe und kann ihr
Gesicht sehen, ihre Berührung empfinden, ihre Stimme hören, ihre
Gesten beobachten und lernen, sich auf sie einzustellen und sie kennen
zu lernen.

Wickeln als Pflicht?

Eltern, die Wickeln nur als Pflicht sehen, entwickeln oft eine schnelle,
effiziente Routine und haben dabei Hygiene als einziges Ziel. Oft werden
dem Kind Spielsachen oder Rasseln in die Hand gegeben, um seine Aufmerksamkeit von dem Vorgang des Wickelns abzulenken. Es gibt wenig

Blickkontakt oder Kommunikation, weil die Eltern sich auf den Unterleib des Babys konzentrieren. Und wenn das Kind weint oder sich sträubt, dann beeilen sich Eltern oft umso mehr und beruhigen das Baby: „Ist ja gut, wir sind sofort fertig, dann können wir wieder spielen."

Das Ergebnis dieser Art zu Wickeln ist, dass es der Effizienz zuliebe oft mechanisch und unpersönlich wird. Das Kind bekommt vielleicht auch verschiedene negative Botschaften wie zum Beispiel, dass die Pflege des Körpers und körperliche Vorgänge überhaupt abstoßend sind oder dass man Pflegeaktivitäten nicht zusammen genießen kann. Wenn einem Kind Spielsachen gegeben werden, während es gewickelt wird, dann wird es ermutigt, seine Aufmerksamkeit von seinem Körper, von der momentanen Aktivität und von der Beziehung zu den Eltern abzuspalten.

Wickeln als eine Zeit intimen Zusammenseins

Wickeln kann für Baby und Eltern eine besondere Zeit sein, so schön wie zusammen zu spielen, wenn man es nicht als Pflicht sieht. Während des Wickelns gibt es für das Kind viele Möglichkeiten für Lernerfahrungen, spielerische Interaktionen und die Entwicklung der Beziehung von Eltern und Kind.

Der nebenstehende Dialog (ein Beispiel) illustriert die Interaktion und die Lernmöglichkeiten bei einer alltäglichen Begegnung.

Diese Anregungen sollen nicht einen neuen Stil „mechanisierten" Wickelns einführen, sondern Ihnen ein Gefühl für die Wichtigkeit dieser alltäglichen Pflegeaktivität vermitteln und dazu anregen, die vielen Möglichkeiten, die das Kind hat, durch sinnvollen sozialen, emotionalen und körperlichen Kontakt besser zu nutzen.

Pflegeperson	Kind	Lernen durch
begrüßt das Kind: „Du scheinst ja viel Spass mit deiner Gummigiraffe zu haben ..."		Vorbereiten
Sagt und zeigt, was sie machen wird. „.. .aber ich möchte dich aufnehmen und wickeln."	ist aufmerksam	Aufmerksamkeit
wartet auf die Reaktion des Kindes	reagiert auf die Initiative der Pflegeperson (positiv oder negativ)	waches Dabeisein
„Du bist noch nicht so weit, also warte ich noch ein bisschen."	unterbricht sein Spiel, schaut die Pflegeperson an.	Empfänglichkeit füreinander

... ein oder zwei Minuten später ...

Pflegeperson	Kind	Lernen durch
„Jetzt bist du wohl so weit."		Erwartungen
„Erst müssen wir deinen Strampelanzug ausziehen. Du ziehst deinen Fuß raus."	kooperiert und nimmt teil	die Aufgabe, aktiv teilzunehmen.
„Du hast bei diesem Fuß [berührt den Fuß] mitgemacht, jetzt kommt der andere dran."	hat es geschafft, beginnt zu spielen, neckt, macht das Gegenteil von dem, worum es gebeten wird.*	Können
lässt sich auf das Spiel ein, kommt aber schließlich zur Aufgabe zurück. „Dies [lächelt] sieht mir nicht wie ein Fuß aus, sondern mehr wie eine Hand." Freut sich mit.	freut sich mit, lacht	Freude daran, gemeinsam eine Aufgabe zu erledigen

---

* Spielerisches Necken (das Gegenteil von dem tun, was verlangt oder erwartet wird) weist daraufhin, dass sich Vertrauen entwickelt.

Füttern

Für die meisten jungen Eltern sind Weinen, Schlafen und Füttern oder Essen die schwierigsten Bereiche. Natürlich hängen sie auch zusammen.

Eltern sind oft bemüht, ihren Babys immer dann die Brust oder eine Flasche zu geben, wenn sie Anzeichen von Unwohlsein zeigen. Einer jungen Mutter mit einem weinenden Kind mag es vielleicht viel zu langwierig erscheinen herauszufinden, warum ihr Baby weint. Die Brust (oder die Flasche) steht zur Verfügung und das Weinen hört sofort auf. Stillen gibt manchen Müttern körperlich ein gutes Gefühl und auch das Gefühl zu wissen, was das Baby braucht, und in der Lage zu sein, für es zu sorgen. Kein Wunder, dass viele Menschen glauben und befürworten, dass die Brust der ideale Tröster ist – ich nicht.

Die Brust anbieten heißt vor allem Nahrung anbieten. Nahrung braucht Ihr Baby, wenn es Hunger hat. Aber Nahrung als ein Mittel zu benutzen, um zu trösten, um über Müdigkeit hinwegzuhelfen oder um Unwohlsein oder Schmerz zu beseitigen kann zu lebenslangen ungesunden Gewohnheiten führen.

Eine Gegenüberstellung des einfachen physiologischen Kreislaufs von Hunger und Sättigung und der komplexen psychischen Beziehung, die wir zu Nahrung entwickeln, kann uns helfen, die Einstellungen von Eltern und Probleme um das Füttern besser zu verstehen.

Der physiologische Zyklus

Hunger und Sättigung bilden einen rhythmischen Zyklus, der physiologisch bestimmt ist, Ebbe und Flut vergleichbar. Nährstoffe werden zu den Zellen gebracht. Der Nahrungsvorrat im Magen nimmt ab und das Gehirn sendet Hungersignale. Das Kind nimmt diese Signale als Spannung und Unwohlsein wahr und weint, es „verlangt" nach Nahrung

(Erleichterung). Wenn man dem Baby die Brust oder eine Flasche gibt, dann saugt es und wird satt.

Welche Menge an Nahrung Kinder bei jedem Füttern aufnehmen, ist sehr verschieden, aber das Ziel sollte sein, den Magen des Kindes zu füllen, sodass das Baby ein Gefühl dafür bekommt, wie es sich anfühlt, wenn es satt ist. Dann wird das Baby nach einer Zeit der Verdauung der Mahlzeit allmählich wieder anfangen, die Hungersignale zu spüren.

Ein Baby, das die Gewohnheit angenommen hat, dauernd kleine Zwischenmahlzeiten einzunehmen, wird vielleicht niemals wirklichen Hunger oder wirkliche Sättigung erfahren und kann ein dauerndes Pseudobedürfnis zu saugen und einen dauernden Appetit auf Nahrung entwickeln.

Unsere Einstellung gegenüber Nahrung

Essen ist eine Notwendigkeit und es ist auch etwas, das man genießen kann. Nahrung wird als Belohnung, zum Feiern, als Trost, zum Konditionieren und als Bestechung verwendet. Nahrung symbolisiert Liebe, Mutter, Zuwendung, Glück, soziale Anmut, Entspannung, Freude, Befriedigung usw. Kein Wunder, dass Eltern sich belohnt, angenommen und geliebt fühlen, wenn ihr Baby gut isst, und abgelehnt, wenn nicht – obwohl das Baby nur die Nahrung ablehnt, nicht sie selbst.

Auch wenn Eltern sich von diesen emotionalen Schichten distanzieren könnten, ist es immer noch eine enorme Verantwortung, ein Baby zu füttern. Eltern haben gewöhnlich drei Hauptsorgen: was sie füttern, wann sie füttern (wie oft und wie lange) und wie sie füttern sollen.

Was und wann füttern

Was füttern? Wir raten Ihnen, das mit Ihrem Kinderarzt zu besprechen. Die Vorteile des Stillens (natürlicher Schutz, angenehm und lustvoll für beide, hygienisch, leicht verfügbar, verursacht keine Kosten) sind weithin anerkannt. Die Vorteile der Ernährung mit der Flasche sind auch bekannt (sie kann vom Vater und anderen Pflegepersonen verwendet werden, und Sie wissen genau, wie viel das Baby zu sich genommen hat).

Stillende Mütter fragen oft: „Ist Muttermilch nahrhaft?"; „Esse ich vielleicht etwas, was bei meinem Baby Blähungen verursacht?" und „Habe ich genug Milch?" Die Babywaage ist eine einfache Lösung für viele dieser Fragen, aber sie ist nicht sehr verbreitet. Kinderärzte empfehlen sie nicht und sagen, es mache Eltern ängstlicher, wenn sie wüssten, wie viel oder wie wenig ihr Kind zu sich genommen hat. Ich kann diesen Gedanken nicht akzeptieren. Warum sollte Wissen jemanden ängstlicher machen als Nichtwissen? Ich habe es nie lästig gefunden, ein Baby vor und nach jedem Füttern auf eine Waage zu legen. (Die Waage muss aber genau sein.)

Ein Tagebuch mit den Angaben über die Gewichtszunahme Ihres Babys und die Menge an Nahrung, die es zu sich genommen hat, zu führen, ist die beste Möglichkeit, die Essgewohnheiten Ihres Babys kennen zu lernen. Wenn Sie diese Muster einmal verstanden haben, kann es auch leichter für Sie sein, die Veränderungen und die Beziehung zwischen Nahrungsaufnahme, Weinen und Schlafen zu erkennen. Vielleicht entdecken Sie zudem Zusammenhänge zwischen mancher Nahrung, die Sie essen, und der Unruhe und dem Weinen Ihres Babys.

Wann und wie oft füttern? Ganz einfach – wenn das Baby wirklich Hunger hat. Aber es ist nicht leicht herauszufinden, wann es wirklich Hunger hat. Sie werden eine Weile brauchen, Weinen aus wirklichem Hunger von anderem Weinen zu unterscheiden. Es ist hilfreich, wenn Sie Nahrung nicht als erste Lösung anbieten, sondern erst einmal abwarten. Viele Babys hören von allein auf zu weinen. Lassen Sie Ihr Baby spüren, dass Sie für es da sind, aber werden Sie nicht gleich aktiv.

Vergessen Sie nicht, man kann ein Baby konditionieren, Nahrung zu wollen, auch wenn es keinen Hunger hat.

Wie lange sollte ein Baby essen? Solange es intensiv damit beschäftigt ist. Ich glaube nicht, dass ein Baby die Brust oder die Flasche im Mund behalten sollte, wenn es einschläft oder abgelenkt ist. Wenn man die Brustwarze sanft aus seinem Mund nimmt, dann erinnert dies das Baby entweder daran, dass es noch Hunger hat, und verstärkt sein Saugen oder es gibt ihm die Möglichkeit, die Brustwarze loszulassen, wenn es satt ist. Die meisten Babys lernen leicht, alles, was sie brauchen, in relativ kurzer Zeit aufzunehmen.

Wo und wie füttern

Bequeme Position. – Gleich ob Sie stillen oder mit der Flasche füttern, nehmen Sie sich Zeit, die bequemste Haltung für sich selbst wie für Ihr Baby zu finden. Es macht mich traurig, wenn ich sehe, wie viele Eltern in Eile und in sehr schlechter Haltung füttern. Warum?

Wenn Ihr eigener Körper ganz entspannt ist, überall gut unterstützt, und Sie das Baby so halten, dass Sie sich nicht anspannen müssen, dann werden Sie beide eine angenehme Zeit zusammen verbringen (und bei stillenden Müttern wird die Milch leichter fließen).

Zu Hause ist es hilfreich, wenn man immer am selben Platz füttert. Aber wo auch immer Sie sind, richten Sie es so ein, dass es bequem ist.

Neue Nahrung einführen. – Wann Sie neue Nahrung einführen und was Sie anbieten, sollte mit Ihrem Kinderarzt besprochen werden, da es viele verschiedene Meinungen darüber gibt.

Babys reagieren verschieden auf neue Erfahrungen wie zum Beispiel ein neues Nahrungsmittel. Wenn Sie einen neuen Geschmack einführen, dann würde ich sagen: „Hier ist Apfelmus, du kannst es mal probieren." Wir bieten dasselbe neue Nahrungsmittel ein oder zwei Wochen lang an, einmal am Tag, und nie mit Zwang. Wenn Ihr Baby seinen Kopf abwendet oder seinen Mund schließt, dann hören Sie auf. Es probiert vielleicht winzige Mengen, bevor es sich entscheidet, ein Viertel eines Teelöffels zu essen, und schließlich mag es das Essen vielleicht sogar. Das Kind sollte die neuen Nahrungsmittel, die wir ihm geben, mögen und genießen.

Lassen Sie sich Zeit und drängen Sie das Baby nicht.

Abstillen. – Das Abstillen sollte auf sehr langsame und allmähliche Weise geschehen, ganz entsprechend der Bereitschaft des Kindes. Wenn man zunächst nur eine Stillzeit weglässt und das morgendliche und abendliche Stillen bis zum Schluss beibehält, bleibt gleichzeitig noch die Kontinuität dieser besonderen Nähe erhalten.

Der Prozess des Abstillens geht vielleicht nicht glatt, aber überall auf der Welt wird er früher oder später vollzogen. Versuchen Sie es in Einklang mit dem Kind zu tun, damit es die Nahrung bekommt, die es gerne mag und die es braucht. Manche Kinder machen diesen Prozess von Natur aus schneller durch als andere.

20

Füttern auf dem Schoß, dann an einem kleinen Tisch. – Füttern auf dem Schoß bietet Gelegenheit für Intimität und eine bequemere Haltung für Kinder als in einem Sitz oder auf einem hohen Stuhl. Ich ziehe es vor, Babys auf dem Schoß ihrer Eltern oder Pflegepersonen zu füttern, bis sie reif genug sind, um sicher auf einem Stuhl, der ihrer Größe angepasst ist, sitzen zu können und auch allein herauf- und herunterklettern können. Der Sitz sollte niedrig genug sein, damit ihre Füße bequem auf dem Boden ruhen können. Es ist zwar wirklich leichter, ein Kleinkind in einem hohen Stuhl festzubinden, als es dabei zu unterstützen, in seinem kleinen Stuhl essen zu lernen. Aber uns gefällt der Gedanke, Kindern beizubringen, dass es, wenn sie aufstehen, als ein Zeichen verstanden wird, dass sie keinen Hunger mehr haben, und wir dann das Essen abräumen. Dies ist eine von vielen Möglichkeiten, einem Kind mitzuteilen, dass es eine gewisse Kontrolle darüber hat, wie viel es isst.

Drei Löffel, zwei Schalen. – Die meisten Babys wollen den Löffel greifen, den der Erwachsene hält. Wir geben dem Baby einen eigenen Löffel. Am Anfang wird es ihn bald fallen lassen oder wegwerfen. Schließlich wird es versuchen, selbstständig zu essen.

Wir führen die Gewohnheit ein, eine größere Schüssel mit dem ganzen Essen und einen Eßlöffel zu benutzen, und dazu eine kleine Schale, in die wir kleine Mengen füllen und vor das Kind stellen. Wir füttern das Baby aus der kleinen Schale und erlauben ihm auch zu versuchen, selbst aus dieser kleinen Schale zu essen. (Wir füllen sie aus der größeren auf.)

Wenn das Baby im Gebrauch des Löffels geschickter wird, lassen wir es mehr und mehr selbstständig essen, bis wir schließlich nicht mehr mit unserem Löffel mithelfen. Das kann sich über viele Monate hinziehen.

Sich verändernder Appetit. – Eltern werden leicht besorgt, wenn ein gewöhnlich guter Esser wählerisch wird. Vergessen Sie nicht, dass Appetit sich verändert. Das Bedürfnis eines Babys nach Essen sinkt drastisch um das Alter von einem Jahr, wenn sein Wachstum sich verlangsamt, und auch vor und während einer Krankheit. Wenn Sie es nicht bedrängen, kommt sein Appetit auf natürliche Weise zurück. Mit der Zweilöffel-Methode des Fütterns werden die kleinen Mengen Nahrung in der kleineren Schale das Kind anregen, nach mehr zu verlangen, und Sie können ihm dann so viele Portionen geben, wie es möchte.

Wenn Sie wollen, dass Ihr Baby einen Geschmack für gesundes Essen entwickelt, statt für minderwertiges, dann sorgen Sie dafür, dass Sie nur hochwertiges anbieten.

Familienessen. – Viele Eltern fragen, ob Babys am gemeinsamen Essen der Familie teilnehmen sollten.

Familienessen sind sehr selten erfreulich, wenn Babys dabei sind. Babys haben nicht nur keine Tischmanieren, sie brauchen auch dauernde Aufmerksamkeit, schaffen ein Durcheinander und ich weiß nicht, warum so eine gespannte Atmosphäre erstrebenswert sein sollte.

Ich ziehe es vor, dass ein Baby gefüttert wird (und das Baby vielleicht sogar schon im Bett ist), bevor die Eltern ein wohlverdientes, ruhiges Mahl genießen. Wenn Kinder an Tischgesprächen teilnehmen können, dann sind sie auch so weit, mit der Familie am Tisch zu essen.

Probleme beim Füttern vermeiden

Unsere Haltung gegenüber Nahrung wirkt sich auf unsere physische und emotionale Gesundheit aus. Denken Sie nur an die vielen Menschen, die ihr ganzes Leben lang mit Problemen mit dem Essen und verwandten Problemen kämpfen, von Esssucht über Anorexie bis Trinken, Rauchen und Drogenmissbrauch.

Viele dieser Probleme können vermieden werden, wenn man sich an Folgendes erinnert:

- Niemals und aus keinem Grund, sollte ein Kind dazu gezwungen, gedrängt, überredet oder mit Hilfe von Bestechung dazu gebracht werden, mehr zu essen, als es essen möchte.
- Wenn das Kind auch nur eine Spur von Desinteresse zeigt, sollten kein Gramm und kein Löffel mehr angeboten werden. (So bleibt die Fähigkeit des Kindes zur Selbstregulation erhalten.)
- Nahrung sollte nicht zur Bestechung oder als Belohnung verwendet werden. Einem Baby zum Beispiel eine Flasche zu geben, damit es schläft, vermischt zwei der wichtigsten Grundbedürfnisse.
- Es sollte gesunde Nahrung angeboten werden, aber auch die Wahl des Kindes (Geschmack, Vorlieben, Abneigungen) respektiert werden.

21

Schlafen

Kleine Kinder schlafen nicht acht Stunden durch und sind dann den ganzen Tag über wach, wie die meisten Erwachsenen. Sie schlafen ein, dann sind sie wieder ein bisschen wach, danach schlafen sie wieder ein.

Sowohl die Menge als auch das Muster des Schlafes sind von Kind zu Kind verschieden und verändern sich natürlich auch, wenn ein Kind heranwächst. Neugeborene und sehr kleine Babys schlafen den größten Teil der Zeit. Bei ihnen wechseln Schlaf- mit Wachperioden etwa sechs- bis zehnmal innerhalb von 24 Stunden, und sie schlafen dabei durchschnittlich 18 bis 21 Stunden. Zwei- bis Dreijährige schlafen im Schnitt 12 bis 14 Stunden.

Alles, was mit Ihrem Baby während des Tages geschieht, kann sein Schlafmuster beeinflussen. Kleine Babys werden während des Tages oft müde und würden einschlafen, wenn man sie nicht ablenkte. Wenn Eltern sich über das Schlafmuster ihres Babys beklagen, bedenken sie gewöhnlich nicht, wie ihre tägliche Aktivitäten den Schlaf ihres Babys beeinflussen.

Unglücklicherweise bekommen in unserer geschäftigen Gesellschaft zu wenige Kinder die Gelegenheit, einem natürlichen, regelmäßigen täglichen Ablauf zu folgen. Oft müssen Kleinkinder sich an die Zeitpläne anderer Familienmitglieder anpassen. Das bedeutet, dass Kinder nicht ihrer biologischen Uhr folgen dürfen.

Es ist nicht leicht für eine Familie, alle Pflichten so umzustellen, dass das Schlaf-Wach-Muster eines Babys nicht unterbrochen wird.

Ihr Ziel sollte es sein, Ihr Baby dabei zu unterstützen, gute Schlafgewohnheiten zu entwickeln.

Gute Schlafgewohnheiten entwickeln

Der leichteste Weg gute Schlafgewohnheiten zu entwickeln ist im Allgemeinen ein regelmäßiger Tagesablauf.

Verbringt Ihr Baby viel Zeit draußen? Die Anschaffung eines zimmergroßen Laufgitters für draußen ist eine sehr gute Investition. Draußen zu schlafen (vor der Sonne geschützt) ist eine gute Gewohnheit.

Für kleine Babys ist es vorteilhaft, wenn sie sich an einen regelmäßigen Tagesablauf gewöhnen können. Es ist ideal, wenn die alltäglichen Ereignisse wie Essen, Schlafen, Baden, Draußen-Spielen jeden Tag ungefähr um die gleiche Zeit und in der gleichen Reihenfolge stattfinden. Wenn das Baby lernt, sich auf das nächste Ereignis einzustellen, werden viele Konflikte vermieden. Es entwickelt sich eine wechselseitige Anpassung des biologischen Rhythmus Ihres Babys und des Zeitplans der Familie. Dies macht es Ihnen, den Eltern, möglich, sich etwas für die Zeitabschnitte vorzunehmen, in denen Ihr Baby gewöhnlich schläft oder ruhig spielt.

Müdigkeit erkennen

Ich glaube, dass Sie keinen Fehler machen, wenn Sie Kinder ruhen lassen, wenn sie es brauchen, und ihnen eine ruhige Umgebung verschaffen. Nach einem ruhig verlaufenden Tag schlafen Kleinkinder eher die Nacht durch.

Achten Sie auf die allerersten Zeichen von Müdigkeit (langsamer werden, Augen schließen, weniger konzentriert und reizbar sein). Das ist der Moment, wenn ein Kleinkind bereit zum Schlafen wird. Wenn die Zeit überschritten wird, kann zunehmende Müdigkeit dazu führen, dass sich Widerstand aufbaut – und wenn es noch einmal aufdreht, dann kann Einschlafen für Sie und Ihr Baby zu einer Tortur werden. Ein übermüdetes Kind schläft ruhelos, wacht häufiger in der Nacht auf und steht mürrisch und morgens zu früh auf.

Stress und Überstimulierung können auch Erschöpfung, Reizbarkeit und Widerstand gegen Schlaf verursachen.

Viele Eltern, die ich beraten habe, haben mit Überraschung und Freude gelernt, dass Babys, die man abends sehr früh ins Bett bringt, im Gegensatz zu ihrer Befürchtung, morgens nicht früher aufwachen. Vielmehr wachten sie morgens oft viel später auf und hatten so mehr Stunden Schlaf.

Ihr Baby ins Bett bringen

Eltern sind oft der Meinung, dass es am leichtesten ist, ihr Baby ins Bett zu bringen, wenn man ihm eine Flasche gibt oder es bis zum Einschlafen stillt. Ich habe jedoch beobachtet, dass es, wenn ein Kind sich seiner selbst und seiner Umgebung bewusster wird, besser ist, es ins Bett zu bringen, wenn es noch ein bisschen wach ist. In einem Bettchen ohne die Erinnerung daran, dass es dorthin gebracht worden ist, aufzuwachen kann sehr desorientierend und beängstigend sein. Kleinere Babys, die man schlafend in ihr Bettchen gelegt hat, können wegen der plötzlichen Veränderung (von einer eher aufrechten Position in eine flach liegende) verwirrt aufwachen.

Ein Ritual vor dem Schlafengehen

Wenn die Zeit zu Bett zu gehen näher kommt, versuchen Sie, die Atmosphäre zunehmend langsamer und ruhiger werden zu lassen. Kennen Sie zufällig das wunderbare Buch von Margaret Wise Brown, Good Night Moon, in dem sich Seite für Seite das Zimmer verdunkelt und so allmählich eine schläfrige Stimmung hervorruft? Ich schlage Ihnen vor, auf solch ein Gefühl hinzuarbeiten.

Wiederholen einfacher Rituale vor dem Schlafengehen hilft Ihrem Baby, sich allmählich darauf einzustellen. Zum Beispiel kann die Gewohnheit hilfreich sein, beim Aufräumen der Spielsachen zu sagen: „Der Ball kommt in seinen Korb hier in der Ecke; deine Puppe sitzt auf dem obersten Brett; die Spielsachen bleiben bis morgen hier, dann kannst du wieder mit ihnen spielen." Solche Kommentare bauen eine Brücke zwischen „heute abend" und „morgen" und vermitteln ein Gefühl von Kontinuität und Sicherheit.

Dann könnte es folgendermaßen weitergehen: „Ich werde jetzt die Gardinen zuziehen, dann mache ich das große Licht aus und das Nachtlicht an." Wenn Ihr Kind älter wird, wird es vielleicht diese Rolle übernehmen und selbst solche Monologe führen.

Manche Kinder haben einen besonderen Gefährten für das Bett, ein Schmusetier wie einen Teddy oder eine Decke (man nennt das auch ein Übergangsobjekt). Wenn Sie Ihr Kind und sein Schmusetier ins Bett bringen, können Sie auch zu dem Bär sprechen: „Gute Nacht, Bär. Ich werde euch beide zudecken, Alison und dich, damit Ihr es beide richtig gemütlich und kuschelig habt. Seit Ihr soweit für Euer Gutenachtlied?" (Sie können singen oder lieber eine Spieluhr aufziehen – ein bisschen

Musik ist eine beruhigende Weise, den Tag zu beenden.) Schließlich streicheln Sie Ihr Baby sanft und sagen: „Gute Nacht. Bis Morgen."

Einschlafen oder nicht

Wie Sie sehen können, mache ich Ihnen Vorschläge, wie Sie eine Atmosphäre schaffen können, die zum Ruhen einlädt.

Aber denken Sie daran, niemand kann einen anderen Menschen dazu bringen einzuschlafen. Wie man sich entspannen und den Schlaf kommen lassen kann, ist eine Kunst, die Ihr Kind wie jeder andere allein lernen muss.

Kinder wachen auch mehrmals in einer Nacht auf und lernen, wie sie sich selbst wieder in den Schlaf sinken lassen können (außer wenn sie etwas brauchen oder Angst bekommen).

Manche Kinder scheinen sich wirklich in den Schlaf weinen zu müssen. Manchmal kann es hilfreich sein, wenn man in diesen, für die Eltern besonders schmerzhaften Minuten vor dem Schlaf, bei ihnen bleibt und sie einfach weinen lässt.

Theorien und Moden ändern sich dauernd: von dem Rat, zusammen in einem „Familienbett" zu schlafen, bis zu dem, das Kind weit genug fortzubringen, damit man von seinem Weinen nicht gestört wird.

Stellen Sie sich darauf ein, dass es Zeiten gibt, in denen ein Kind sich vielleicht weigert einzuschlafen: wenn es krank wird, kurz vor dem Beginn eines neuen Entwicklungsschubes oder während Zeiten emotionalen Wachstums, in denen es besonders verletzlich ist (wie während der Phase der Trennungsangst).

Erwarten Sie keine Zauberformel. Manchmal kann man einen Problembereich nicht vom sonstigen Alltag des Babys trennen.

Ihre Haltung insgesamt kann entscheidend sein. Bemitleiden Sie das „arme Baby" nicht, das ins Bett muss – denken Sie eher daran, wie gut es sich anfühlt zu ruhen, wenn Sie müde sind, und wie schön es ist, erfrischt aufzuwachen.

Dorothy war viel quengeliger und abhängiger von mir als mein erstes Kind. Es sah aus, als würde sie nie schlafen wollen, egal wie viel ich sie stillte, wiegte, schaukelte oder auf den Rücken klopfte, und sie hasste es einfach, überhaupt hingelegt zu werden. Ich war mit meinem Latein wirklich am Ende, aber ich hatte gelesen, dass manche Babys einfach viel mehr Aufmerksamkeit und Zuwendung und viel weniger Schlaf als andere brauchen, und ich vermutete, dass Dorothy so ein Baby war.

21

Ich kann kaum glauben, was für eine Veränderung wir beide nach dem ersten Kurses bei Magda durchmachten (im Pacific Oaks College). Zunächst beschloss ich trotz meiner Skepsis Magdas Hinweis zu folgen, Babys eine gewisse Zeit auf dem Boden spielen zu lassen. Ich legte Dorothy auf den Rücken und ein paar Spielsachen in ihre Nähe. Zu meinem Erstaunen weinte sie nicht, es machte ihr wirklich Spass und sie versuchte tatsächlich die ersten Male, sich auf den Bauch zu rollen. Ich entdeckte, dass sie sich selbst beschäftigen konnte.

Dann nahm ich Dorothy zu einem ganztägigen Kurs mit, weil ich sie ungern acht Stunden zu Hause lassen wollte. Magda bat uns alle, sie zu „beobachten“, und ich war stolz darauf, wie gut es Dorothy zu gehen schien, als sie so ruhig spielte, sich umdrehte, sich streckte und nach etwas langte, während wir zuschauten. Ich merkte, wie viel mehr Freude ich an ihr hatte, seit ich lernte, sie allein spielen zu lassen.

Nach etwa einer Stunde, als Dorothy anfing ein bisschen zu quengeln, sprang ich auf und erklärte, sie sei bestimmt hungrig und stillte sie ein paar Minuten. Ich legte sie wieder hin und ein paar Minuten später fing sie wieder an zu quengeln. Innerlich geriet ich in Panik. Ich wusste genau, wenn ich jetzt nicht längere Zeit mit ihr herumgehen und sie schaukeln würde, würde sie hysterisch werden.

Magda fragte mich sanft, was ich glaubte, was das Problem wäre, und wie ich es zu Hause lösen würde. Ich antwortete, ich wüsste nicht, was das Problem wäre, und zu Hause würde ich sie aufnehmen. Magda sagte dann, ihrer Ansicht nach schien Dorothy müde zu sein und schlug vor, ein paar Minuten zu warten, um zu sehen, was passieren würde. Ich wartete, in der Gewissheit, dass ein Hurrikan ausbrechen würde. Stattdessen bewegte Dorothy erst ein paarmal ihren Kopf hin und her, dann steckte sie ihre Finger in den Mund und schlief ein. Das war das erste Mal, dass ich mein Kind je hatte allein einschlafen sehen. Ich staunte mit offenem Mund.

Magda bemerkte dann, dass Einschlafen eine Kunst ist. Obwohl jeder sie früher oder später lernt (leider ist es für wenige Menschen niemals leicht ohne äußere – oft pharmazeutische – Hilfe), können wir unseren Kindern am besten helfen, diese Kunst zu lernen, indem wir ihnen zutrauen, dass sie es können, und auf Einmischung verzichten, die ihnen vermittelt, dass sie es nicht können. Ich fühlte mich wie eine Figur in einem Comic mit einer Glühbirne über dem Kopf, die plötzlich aufleuchtet. Theorie und Anwendung wurden eins, als ich meine Tochter sah, die friedlich während der restlichen Zeit der Morgen-

gruppe durchschlief und von selbst wieder in den Schlaf fiel, wenn ein Geräusch sie gestört hatte.

Am nächsten Morgen brachte ich Dorothy, als sie ihr müdes Quengeln anfing, in ihr Bettchen, erklärte ihr ruhig, dass sie müde sei, Schlaf brauche und ich ihr das nicht abnehmen könne. Sie schlief drei Stunden lang und hat seitdem überhaupt viel geschlafen. Kein Wunder, dass das arme Kind so „neben sich stand" – es war einfach erschöpft.

22

Spielsachen aussuchen

Viele Eltern machen sich, wenn es um das Spielzeug eines Babys geht, Sorgen darüber, wie, was und nach welchen Kriterien sie etwas aussuchen sollten.

Zuerst möchte ich gerne sagen, dass ich lieber von Spielsachen spreche, statt von „Spielzeug". Wir sagen, dass ein Baby spielt, wenn es mit einem Gegenstand hantiert (auch wenn es seine eigene Hand ist), also ist eigentlich jeder Gegenstand, den ein Baby zum Hantieren wählt, eine „Spielsache".

Sicherheit

Das Wichtigste, was man meiner Ansicht nach bedenken sollte, ist Sicherheit. Jeder Gegenstand zum Spielen muss für das Kind, das mit ihm spielt, sicher sein.

Das bedeutet, ein Gegenstand zum Spielen muss so groß sein, dass er nicht verschluckt werden kann. Ein solcher Gegenstand darf keine Teile haben, die das Kind entfernen kann. Die Augen und Ohren vieler Teddybären sind im Magen von Babys gelandet und günstigstenfalls in ihren Windeln. Die Erbsen und getrockneten Bohnen in manchen ausgestopften Tieren können durch kleine Löcher an den Säumen entweichen. (Was ein Baby typischerweise mit diesen kleinen runden Objekten machen wird, ist sie in seine Nasenlöcher stecken. Der Schleim in der Nase des Babys kann beispielsweise die Bohne quellen lassen und manchmal ist die Hilfe eines Arztes nötig, um sie zu entfernen.)

Die kleinen Gegenstände, mit denen ältere Kinder spielen (Bauklötze, kleine Menschen- oder Tierfiguren usw.) sind für Babys gefährlich und müssen von ihnen fern gehalten erden. Wenn sie Zweifel haben, ob eine Gegenstand verschluckt werden kann, kann Ihnen viellleicht ein

Größentester nützlich sein (erhältlich in Fachgeschäften für pädagogisches Spielzeug und in manchen großen Spielzeugläden). Manche benutzen auch das Loch einer Toilettenpapierrolle, um eine sichere Größe zu testen: Wenn das Spielzeug durchfällt, dann ist es zu klein und sollte von Babys fern gehalten werden.

Weiterhin können sie einen Gegenstand auf scharfe Kanten, Bruchfestigkeit und seine Beschaffenheit hin, ob es etwa Ersticken verursachen könnte, überprüfen. Aus verschiedenen Gründen würde ich einem Baby niemals einen Luftballon geben: Zum einen kann er platzen und es erschrecken, aber was noch wichtiger ist, es könnte einen geplatzten oder nicht aufgeblasenen Ballon in den Mund nehmen, er könnte in seinen Hals geraten und es könnte dabei ersticken. Aus einem ähnlichen Grund würde ich einem Kind niemals ein Tuch aus Seide oder Nylon geben: Babys neigen dazu, Dinge in ihren Mund zu nehmen und feines Gewebe könnte ein Baby ersticken lassen.

Ich würde einem Kind auch kein Spielzeug geben, das mit Flüssigkeit gefüllt ist, wie diese durchsichtigen Rasseln mit kleinen Perlen, die in einer Flüssigkeit schwimmen. Es besteht immer die Gefahr, dass die Perlen entweichen, wenn die Rassel einmal zerbrechen sollte, und da Babys die Welt zum großen Teil mit ihrem Mund erforschen, könnten diese Perlen im Baby landen.

Manche der Spielsachen, die am schönsten anzuschauen sind, sind die, die ich für den Gebrauch in Babygruppen nicht aussuchen würde: solche, die aus schwerem Holz gemacht sind. In einer Gruppensituation kann ein schwerer Holzgegenstand leicht ein Wurfgeschoß werden und ein Kind verletzen. Für ein einzelnes Kind zu Hause können manche Spielsachen aus Holz jedoch sehr schön sein.

Ich sehe auch nicht gerne, wenn Kleinkinder mit Dingen spielen, an denen lange Schnüre befestigt sind, wie Spielsachen zum Ziehen für Kinder, die anfangen zu laufen. Die Schnüre können beim normalen Spielen zu leicht um den Hals eines Kindes geraten. (Zum Teil rate ich auch aus diesem Grund davon ab, Säuglinge und Kinder, die laufen lernen, in derselben Gruppe zu haben. Die Spielsachen und Aktivtäten der Kinder, die gerade laufen können, können für Kleinkinder die Umgebung unsicher machen.)

Empfehlungen

Im Allgemeinen sollten Spielsachen für Babys einfach, robust und leicht zu reinigen sein. Im Spielbereich eines Babys sollte eine Vielfalt an Größen, Formen und Gewichten vertreten sein (aber kein Gegenstand sollte so schwer sein, dass ein Baby verletzt werden könnte, wenn es ihn fallen lässt). Die Gegenstände sollten in einer gewissen Ordnung arrangiert sein, und die Einrichtung sollte auf das Kind ausgerichtet sein, was Größe, Aufstellung usw. anbelangt.

Am wichtigsten ist, dass Spielsachen für Kleinkinder so beschaffen sind, dass sie sie immer wieder berühren, anfassen, anschauen, halten, mit dem Mund erforschen und mit ihnen hantieren können. Solche Dinge können Sie leicht in Ihrer Küche oder in einem Haushaltswarengeschäft finden.

Als erstes: ein Halstuch. – Wenn Sie sehr kleine Babys beobachtet haben, dann wissen Sie, wie sehr sie es mögen, ihre Decken, Kleidung oder Windeln festzuhalten. Für das beste erste „Spielzeug" halte ich ein Tuch von 40 x 40 Zentimetern aus Baumwolle oder Leinen (niemals aus feinem Material wie Seide, Nylon oder Ähnlichem). Sie können mehrere in verschiedenen Farben und mit verschiedenen Mustern kaufen oder selbst nähen. Halten Sie das Tuch in der Mitte zwischen das Kind und sich, sodass man sich dahinter verstecken kann. Halten Sie es so, dass das Kind es sehen, nach ihm greifen, es berühren und schließlich greifen kann.

Sie werden erstaunt sein, auf wie viele Weisen und wie lange sogar ein sehr kleines Baby mit solch einem Tuch hantieren kann.

Behälter. – Beim RIE haben wir viele leichte Behälter aus Plastik und anderem Material, mit denen die Babys spielen können. Tassen, Schalen, Siebe, Pfannen und Körbe in vielen Größen, Formen und Farben ermöglichen Kindern während ihrer ersten zwei Lebensjahre viele Stunden von Aktivität.

Behälter bieten Babys Gelegenheit, viele Begriffe zu erforschen: wie zum Beispiel „hinein" und „heraus", wobei das Kind die Aktivität und das Objekt bestimmt. Das fördert das Gefühl von Kompetenz und Selbstvertrauen und zugleich sammelt das Kind konkrete Informationen.

Sammeln Sie robuste Plastikbehälter in verschiedenen Farben. Achten Sie darauf, dass manche ineinander passen und andere sich stapeln lassen. Versuchen Sie auch solche zu finden, mit denen ein Kind interessante Geräusche machen kann, wenn es sie gegeneinander oder auf den Boden schlägt. Kindern macht es auch Spass, Gegenstände zu halten, die Löcher haben, wie Plastikbrotkörbe oder -siebe. Behälter für Eiswürfel sind auch sehr beliebt. Um die Vielfalt zu vergrößern, nehmen Sie auch ein paar leichte, glänzende Metallschüsseln oder -pfannen hinzu (aber achten Sie auf scharfe Kanten!).

Bälle. – Für alle Kinder empfehle ich Bälle, Bälle, Bälle: große, kleine, solche aus Plastik mit Löchern (Babys lieben es, ihre Finger in die Löcher zu stecken und darin zu bewegen). Ich mag Wasserbälle, die verschieden stark aufgeblasen sind, sodass sie für kleine Finger leicht zu greifen und hochzuheben sind. Gummibälle sind geeignet (aber keine aus Schaumgummi, denn kleine Kinder können Stücke abbeißen und verschlucken). Aufblasbares Wasserspielzeug, besonders Strandringe, bieten kleinen Kindern eine Vielfalt an Erfahrungen.

Flaschen. – Leere Plastikflaschen aller Größen sind, wenn sie gründlich gereinigt sind, für Babys sicher, leicht mit dem Mund zu erforschen und handzuhaben und sie können auch ohne Gefahr ihre Finger hineinstecken. Sie machen auch sehr interessante Geräusche, wenn sie umfallen oder an einen anderen Gegenstand anstoßen. Literflaschen für Mineralwasser sind mit die besten dieser Art.

Perlenketten. – sind für Kleinkinder immer faszinierend. Vor allem Ketten mit großen Perlen sind sehr beliebt. Vergewissern Sie sich aber auf jeden Fall, dass die Ketten, wenn sie biegsam sind, nicht so lang sind, dass sie sich einem Baby um den Hals, um Arme oder Beine schlingen könnten. (Das gilt nicht für Ketten mit sehr dicken Perlen, weil solche Ketten nicht sehr biegsam sind.)

Schachteln und Kartons. – Wenn Babys älter und mobiler werden, dann sind Schachteln und Kartons aller Art hervorragende Gegenstände zum Spielen. Auf große Kartons oder Kisten können sie hinauf-, hinein- oder durch sie hindurchkrabbeln, kleine können als Behälter für andere Spielsachen dienen oder als Türme, Tunnels, Mauern oder Fahrzeuge benutzt werden. Natürlich gelten die gleichen Kriterien für Sicherheit und Robustheit für Schachteln und Kisten wie für andere Spielsachen auch.

Besondere Geschenke. – Als etwas Besonderes, was ein Kind mehr benutzt, wenn es ein bisschen älter wird, sind für zu Hause Holzspielsachen sehr schön. In vielen Spielwarengeschäften gibt es schöne Bauklötze und Puzzles aus Holz mit einfachen Formen, deren Teile kleine Knöpfe haben, an denen kleine Finger sie aufheben können. Puppen (sichere, ohne kleine Teile, die entfernt werden können) und Material für das Vor-schulalter, wie Sätze von Zylindern aus Holz, sind sehr schöne Geschenke.

Aktives Kind, passives Objekt

Was haben all diese empfohlenen Spielsachen gemeinsam? Keines macht etwas. Sie reagieren nur, wenn das Kind sie aktiviert. Mit anderen Wor-ten: unser aktives Kind hantiert mit passiven Gegenständen.

Im Gegensatz dazu lassen unterhaltende Spielsachen (wie Mobiles oder später batteriegetriebenes Spielzeug oder solches zum Aufziehen) ein passives Kind einem aktiven Spielzeug zuschauen. Das gewöhnt ein Kind daran, unterhalten zu werden und bereitet es auf späteres Fernsehen vor. Sogenanntes „pädagogisches" Spielzeug mag ich nicht, besonders nicht im ersten Lebensjahr.

Das beste Material für Kleinkinder muss nicht modisch sein, aber auch nicht auf „Aussortiertes" beschränkt sein. Die besten Spielsachen sind solche, die es Kindern erlauben, in jeder ihrer Entwicklungsphasen so aktiv und kompetent wie möglich zu sein.

Draußen sein

Babys tut es gut, draußen zu sein. Sie schlafen besser, essen besser, sehen besser aus, spielen und lernen besser. Frische Luft beruhigt einerseits und andererseits regt sie an. Ich sage Eltern immer, es wäre leichter, gesunde, zufriedene Kinder zu haben, wenn sie es einrichten könnten, regelmäßig mit ihren Babys draußen zu sein.

Sehr kleine Babys schlafen die meiste Zeit; aber wenn sie älter werden, werden sie auch gerne draußen sein, und lernen, die Zeit mit Schlafen, Essen und Spielen zu verbringen, so wie sie es drinnen tun würden.

Platz zum Spielen für Ihr Kind im Freien

Wenn es Ihnen möglich ist, richten Sie auch draußen einen Spielbereich für Ihr Baby ein. Eine ideale Situation wäre es, in einem von Umweltbelastungen weitestgehend freien Gebiet mit einem eingezäunten Garten mit Gras und Bäumen, einer Veranda oder einem Innenhof usw. zu leben. Meiner Erfahrung nach wird es einfach zu viel, wenn Sie ein Bettchen oder ein Laufgitter jeden Tag oder sogar mehrmals am Tag nach draußen tragen müssen. Wenn Sie eine solchen Platz im Freien haben, ist es eine gute Investition, wenn Sie, vielleicht gebraucht, ein zweites Bettchen oder ein zweites Laufgitter* für draußen kaufen.

Wie bei den meisten Aktivitäten im Alltag mit einem Baby gibt alles, was regelmäßig und als Routine getan wird, dem Baby wie den Eltern ein Gefühl von Stabilität und Sicherheit.

---

* Ein Laufgitter sollte einen Holzboden, eine feste, wasserdichte Matte und darüber eine Decke aus Baumwolle haben. (Mit nacktem Körper ist direkter Kontakt mit Plastik nicht angenehm.)

Wenn das Kind mobiler wird, sollte sein Außenspielbereich vergrößert werden. Ideal wäre, ein sehr großes Laufgitter (etwa die Größe eines kleinen Zimmers), in dem es sich auf den Bauch drehen und krabbeln und schließlich kriechen kann. Nach 12 bis 18 Monaten kann man einen Teil des Gartens (etwa die Größe eines großen Zimmers) einzäunen. Wenn das Kind noch größer wird, kann dann ein sicherer, eingezäunter Garten das Territorium des Kindes werden.

Draußen anfangen

Ein gesundes Neugeborenes kann mit ca. 4 Wochen ein Zeit lang draußen sein – zuerst nur dann, wenn die Außentemperatur etwa die gleiche wie im Kinderzimmer ist. Bekleiden Sie es oder decken Sie es zu wie drinnen. Stellen Sie das Bettchen in den Schatten und am besten bringen Sie das Baby nach dem Füttern und Wickeln nach draußen. Wahrscheinlich wird es dann einschlafen.

Sie können vielleicht am Anfang 15 Minuten mit ihm draußen sein und dann jeden Tag ein bisschen länger. Wenn Ihr Baby drei Monate oder älter ist, kann es viele Stunden, in denen es wach ist, draußen verbringen.

Sonne und Wetter

Kleine Kinder der Sonne auszusetzen kann gefährlich sein. Ein Baby, das draußen schläft, sollte im Schatten liegen. Ein Schirm oder ein Handtuch kann Schatten geben. Wenn das Baby in einem Laufgitter spielt, kann es nackt sein! (Ein Sonnenschirm ist zu empfehlen.) Am Morgen draußen zu sein ist sicherer, die Mittagssonne sollte vermieden werden.

Die Jahreszeit spielt keine Rolle, vor allem in gemäßigtem Klima. Aber zu viel Sonne, zu starke und schnelle Temperaturwechsel, extreme Kälte, extreme Hitze, dichter Nebel, starker Smog, starker Wind usw. sollten vermieden werden. Dies sollten Sie berücksichtigen und das Baby natürlich passend anziehen. In vielen Ländern gewöhnen sich Kinder an sehr kaltes Wetter und genießen es. Sie schlafen draußen auf Terrassen unter geschützten Dächern, während es regnet oder sogar schneit.

Oft nachschauen

Wenn Ihr Baby draußen ist, sollten Sie immer wieder nach ihm schauen. Ideal ist es, wenn sie in Hör- und Sichtweite bleiben; aber Sie können trotzdem mit Ihren Aktivitäten weitermachen. Lassen Sie Ihr Baby nicht draußen weinen. Versuchen Sie herauszufinden, was das Weinen ausgelöst hat. Bleiben Sie eine Weile draußen bei Ihrem Baby, und wenn es dann weiter weint, gehen Sie mit ihm ins Haus. Bringen Sie es auf jeden Fall später wieder hinaus. Wahrscheinlich war es einfach nicht der richtige Zeitpunkt.

Vorteile

Wenn Sie Ihr Baby von frühem Alter an draußen sein lassen, wird es lernen das Draußensein zu lieben und es wird ihm Spass machen, draußen zu spielen. Diese Zeiten werden ihm helfen, weniger klammernd, nörgelig oder übermäßig abhängig zu sein und auch nicht ständig Gesellschaft oder Unterhaltung zu brauchen.

Die Anregungen, die man in der Natur finden kann, sind unvergleichlich. Auch die kleinsten Kinder sind davon fasziniert, den Vögeln zuzuhören, die Bewegungen von Fliegen, Schmetterlingen, Schatten und Blättern zu beobachten. Luftbewegung, Temperaturveränderung, das Spiel von Sonnenlicht und Schatten sind starke Stimuli für die Haut, die Augen, die Lunge und den Kreislauf. Wenn der junge Organismus lernt, sich an ständige Veränderungen anzupassen und mit ihnen fertig zu werden, wird er widerstandsfähiger.

Natürlich kann das Kind auch Spielsachen im Spielbereich oder im Garten haben. Aber welche andere Lernerfahrungen macht Ihr Kind, wenn es die Natur beobachtet statt fernzusehen!

Der RIE-Ansatz zu Disziplin

Disziplin: das Ziel klären

Kinder müssen unsere Erwartungen kennen. Sie müssen in allen möglichen Lebenssituationen wissen, wo sie stehen. So können sie die Regeln kennen lernen.

Disziplin ist ein integraler Bestandteil des Gefühls, sicher und verwurzelt zu sein. Von Geburt an geben die Eltern den Rahmen für den Lebensraum ihres Kindes. Beim RIE sind wir vom Nutzen von Disziplin für Eltern wie für Kinder überzeugt.

Das Wort „Disziplin" hat verschiedene Bedeutungen, sowohl nach dem Wörterbuch als auch im Denken der Menschen. Schließen Sie einen Moment die Augen und klären Sie in Gedanken, was Sie in Bezug auf Disziplin empfinden. Öffnen Sie Ihre Augen dann wieder und schreiben Sie Ihre eigene Definition auf.

Eltern sehen Disziplin oft als Strafe, körperlich oder in anderer Form, oder als ein System von Strafe und Lohn an. Ich sehe Disziplin als einen sozialen Vertrag, bei dem Mitglieder einer Familie oder Gemeinschaft damit einverstanden sind, bestimmte Regeln zu akzeptieren und zu befolgen.

Sie sind vielleicht überrascht, so wie ich es war, wenn Sie folgende Definition von Disziplin in einem Wörterbuch lesen: „Training, das Selbstkontrolle und Charakter entwickelt."

Wenn man mehr an das, was mit Disziplin erreicht werden soll, dächte, hätte man ein vollkommen anderes Gefühl für, was sie eigentlich ist. Wenn es um Disziplin geht, muss man ein bestimmtes Ziel im Sinn haben.

Ein positives Ziel, das man anstreben kann, wenn es darum geht, Disziplin zu entwickeln, wäre, Kinder aufzuziehen, die wir nicht nur lieben, sondern in deren Gesellschaft wir auch gerne sind. Das ist nicht leicht zu erreichen. Im Grunde haben die meisten Eltern Angst davor, von ihren

Kindern Disziplin zu erwarten, weil sie Angst vor dem Machtkampf haben. Sie haben Angst davor, das Kind zu überwältigen, Angst, sie könnten den freien Willen und die Persönlichkeit des Kindes zerstören. Das ist eine irrige Einstellung.

Disziplin ist kein Ziel an sich. Sie dient der Realität des Lebens in der Gesellschaft. Ein Mangel an Disziplin ist nicht Freundlichkeit, es ist Vernachlässigung.

Manchmal ist Disziplin zu erreichen sehr schwierig und sogar schmerzhaft. Es ist leichter, wenn man sagt: „Ja, gut, wie du willst." Aber was erreicht man damit?

Realistische Erwartungen

Eine falsche Vorstellung, die die meisten Eltern haben, ist die, dass Kinder dauernd glücklich sein müssen. Das ist eine unrealistische Erwartung, weil es instinktive Wünsche gibt, die wir aber nicht unbedingt in jedem Moment und vielleicht überhaupt nicht befriedigen können. Das Leben ist eine Mischung aus Schmerz und Freude.

Kleine Kinder weinen, wenn sie nicht bekommen, was sie wollen. Eltern identifizieren sich manchmal so sehr mit ihren Kindern und ihren Tränen, dass sie es nicht ertragen können, ihnen zu verweigern, was ihr Herz begehrt.

Aber es ist nicht gut, wenn man versucht, Kinder immer zufrieden zu stellen. Das Leben ist nicht so. Ziele zu erreichen ist oft ist mit Mühsal und manchmal auch mit Schmerz verbunden. So ist es nun einmal. Wenn Kinder das zu spät herausfinden, nachdem sie in einem unrealistischen Maß behütet und geschont worden sind, finden sie es vielleicht schwierig und beängstigend, mit dem wirklichen Leben fertig zu werden.

Für verwöhnte Kinder ist es unmöglich, glücklich zu werden, weil sie selten unmittelbare, aufrichtige Reaktionen ihrer Eltern bekommen. Im Grunde vernachlässigen diese Eltern ihre Kinder.

Nein sagen

Es ist für Eltern nicht immer leicht, Nein zu sagen.

Ambivalenz, Schuldgefühle und Verwirrung der Eltern in Bezug auf ihre Rolle werden von kleinen Kinder erstaunlich schnell wahrgenommen und benutzt. Sie scheinen einen sechsten Sinn für so etwas zu haben. Jede Ambivalenz eines Elternteils wird eine entsprechende Reaktion hervorrufen.

Versuchen Sie herauszufinden, was für Sie und für das Kind wichtig ist. Wenn Sie nicht klar sind, wird die Opposition des Kindes andauern, was Sie, die Eltern, noch ärgerlicher machen wird. Das verstärkt wiederum den Konflikt, der schon existiert, und führt damit zu einer unangenehmen Situation von Wut, Schuld und Angst. Ein Kind hat es schwer, wenn es mit ambivalenten Eltern aufwächst.

Kinder brauchen Disziplin und Struktur. Seien Sie klar. Seien Sie aufrichtig. Wenn Sie Nein sagen, dann bleiben Sie möglichst dabei. Lassen Sie auch Ihr Gesicht und Ihre Haltung dieses Nein widerspiegeln.

Für ein ganzes Leben lernen

Wenn die Lektionen der Disziplin einmal gelernt sind, dann beginnt das Kind sie zu verinnerlichen – die Lektionen von sich aus zu lernen – und sogar selbst zu sehen, dass manche Dinge, die man begehrt, nicht gut für uns oder für andere sind.

Struktur, Erwartungen, Zuverlässigkeit – all das trägt dazu bei, dass wir unsere Kinder auf eine verantwortliche Weise aufziehen und lieben. Die Freiheit, die wir alle tief in uns fühlen, kommt, wenn wir einmal verstehen, wo wir in der Welt stehen.

Hausordnung

Ein System allgemein akzeptierter Regeln macht das Leben für uns alle leichter.

Obwohl Regeln in verschiedenen Kulturen und Familien variieren, glaube ich, dass die meisten Menschen darin übereinstimmen, dass ein wechselseitig akzeptables System von Regeln für das Zusammenleben hilfreich ist. Dieses System kann in jeder Familie festgelegt werden, indem man die Bedürfnisse ihrer Mitglieder klärt und dann eine Reihe von Regeln oder Richtlinien formuliert, die diesen Bedürfnissen soweit wie möglich entgegenkommen. Wenn diese Regeln beschlossen sind, müssen die Eltern sie dem Kind vermitteln und dafür sorgen, dass sie eingehalten werden.

Die Frage ist: „Wie?" Sie können sich dabei an Folgendem orientieren:

- Stellen Sie einige wenige, einfache und vernünftige Regeln auf und achten Sie darauf, dass sie altersgemäß sind.
- Verlangen Sie, dass diese Regeln eingehalten werden.
- Seien Sie konsequent, aber nicht rigide.
- Geben Sie dem Kind Wahlmöglichkeiten innerhalb eines sicheren Rahmens.
- Denken Sie daran, dass auch Kinder (besonders Kinder) in der Lage sein müssen, ihr Gesicht zu wahren, und vermeiden Sie Machtkämpfe.

Einfache, altersgemäße Regeln

Denken Sie vor allem daran, dass Disziplin nicht eine Reihe rigide durchgesetzter Forderungen ist, sondern ein Prozess, bei dem ein Kind lernt, sich sozial zu verhalten. Soziales Lernen hängt wie jede andere

Form von Lernen davon ab, dass das Kind dazu bereit ist. Erwarten sie von einem Kind keine Dinge, die gegen die Natur ihrer gegenwärtigen Entwicklungsphase gehen. Von einem Neugeborenen zu erwarten, dass es nicht weint; von einem kleinen Baby, dass es keine Dinge in seinen Mund steckt, oder von einem Kind, das gerade laufen lernt, dass es nicht Nein sagt, ist unvernünftig. Auch der Zeitpunkt ist wichtig. Von einem müden oder hungrigen Baby kann man keine Kooperation erwarten.

Erwartungen

In meiner Praxis habe ich erfahren, dass die Reaktion eines Kindes auf Forderungen der Eltern sehr von deren eigenen, tiefsitzenden Erwartungen abhängt. Die Weise, wie eine Forderung ausgedrückt wird, veranlasst das Kind, etwas zu tun oder nicht zu tun. Wenn die Eltern nicht wirklich an die Gültigkeit einer bestimmten Regel glauben oder schon befürchten, dass das Kind nicht gehorchen wird, dann wird das Kind es wahrscheinlich auch nicht tun.

Ambivalente Eltern machen die Dinge schwieriger. Sie sollten Ihre Rolle als Eltern kennen. Sie müssen bestimmte Ziele und Prinzipien für Ihre Kinder haben.

Konsequent sein

Zuverlässigkeit führt zu Gewohnheiten. Gewohnheiten zu entwickeln macht es viel leichter, mit Regeln zu leben.

Weil sehr kleine Kinder die Gründe für die Regeln, die sie befolgen sollen, nicht verstehen, ist es besser, wenn diese Regeln einfach zur Gewohnheit werden. Es gibt bestimmte Dinge, die wir nicht jedesmal, wenn wir sie machen, von Neuem überprüfen müssen oder wollen, wie etwa Zähneputzen. Es ist viel einfacher für uns, wenn solche Aktivitäten zu Gewohnheiten werden.

Außerdem wissen wir alle, wie schwer es ist, Gewohnheiten zu verändern, wenn wir sie einmal angenommen haben. Schon allein aus diesem Grund sollten wir versuchen, von Anfang an gute Gewohnheiten einzuführen. Das ist der Grund, weshalb ich Eltern rate, von der Geburt des Kindes an zu beginnen, Muster und Routinen einzuführen. Für ein Baby ist es zum Beispiel viel leichter, einzuschlafen, wenn jeden Abend vor dem Schlafengehen dieselbe Routine abläuft. Diese sollte beibehalten werden, bis das Kind selbst signalisiert, dass es eine Veränderung braucht.

Durch die Regelmäßigkeit einer Routine lernen Babys schließlich, sich auf das einzustellen, was von ihnen erwartet wird. Das ist der Anfang von Disziplin.

Entscheidungsfreiheit

Grenzen, die zuverlässig und konsequent gesetzt werden, geben Sicherheit. Um eine innere Disziplin zu entwickeln, muss man Kindern die Freiheit geben, Entscheidungen zu treffen. Es ist von großer Wichtigkeit und gleichzeitig der Kern des Ansatzes des RIE sich darüber klar zu werden, wann man Kindern Freiheit geben und wann man Grenzen einführen muss.

Wir sollten uns daran erinnern, dass Grenzen als Verkehrszeichen fungieren, damit das Zusammenleben der Familienglieder gut funktioniert. Innerhalb dieses Rahmens liegen die Dinge, die man von einem Kind erwartet (nicht verhandelbare Dinge); das, was es tun darf (verhandelbare Dinge); was toleriert wird („Ich mag das eigentlich nicht, aber ich kann verstehen, warum du es tun musst") und was verboten ist („Ich möchte nicht, dass du das tust"). Das sind die verschiedenen Bezugspunkte, mit denen Disziplin zu tun hat.

Innerhalb dieser Bezugspunkte liegt das, was ich als die wichtigen Bereiche der Entscheidung ansehe. Babys müssen im Bereich grobmotorischer Entwicklung und ihres Spielens Freiheit haben. Eltern sorgen für sichere, angemessen große Räume und eingezäunte Bereiche, in denen sich die Kinder frei bewegen und die sie frei erforschen können, und Eltern sorgen für sichere und einfache Spielsachen – aber die Kinder entscheiden, wie sie sich bewegen und lernen möchten. Der Gebrauch der Gegenstände und des Spielmaterials sollte nicht beschränkt werden und die Eltern sollten sich dabei auch nicht einmischen.

Machtkämpfe vermeiden

Wenn ein Kind reichlich Gelegenheit hat selbstständig zu spielen, ohne unterbrochen zu werden, ist es wahrscheinlich viel eher bereit, mit seinen Eltern zu kooperieren und sich auf deren Anforderungen einzustellen. Man kann das Gefühl des Kindes, selbst Entscheidungen treffen zu können, stärken, wenn man genügend Zeit vergehen lässt, nachdem man etwas verlangt hat, damit das Kind selbst entscheiden kann, ob es kooperieren will oder nicht.

Und wir müssen verstehen, dass Kinder die Möglichkeit bekommen müssen, ihr Gesicht zu wahren, wenn sie eine Regel nicht befolgt haben. Für kleine Kinder ist es oft ein innerer Kampf. Ein Teil von ihnen möchte gefallen, aber sie müssen auch Widerstand leisten, um die Grenzen ihrer Macht auszuprobieren. In gewisser Weise hat jeder von uns diesen ewigen Zweijährigen in sich, der „Nein!" ruft, wenn man ihm ein Eis anbietet, auch wenn er es gerne möchte. Die meisten von uns mögen es nicht, wenn man ihnen sagt, was sie tun sollen, auch wenn es gut für uns ist.

Regeln vermitteln und durchsetzen

In unseren Eltern-Kinder-Gruppen am RIE wird genau gezeigt, wie wir Regeln vermitteln. Wenn Babys anfangen zu laufen und selbstständig sitzen können, dann bieten wir ihnen einen Imbiss an einem besonderen Tisch an, an dem der Erwachsene und die Kinder sitzen. Der Imbiss ist immer der gleiche: Bananen und verdünnter Apfelsaft. Die Kinder können sich entscheiden, ob sie essen wollen oder nicht, aber sie dürfen Bananen oder Saft nicht von dem Tisch wegtragen.

Es ist eine unglaubliche Lernerfahrung für uns alle zu sehen, wie auch die kleinsten Kinder am Tisch die Regel lernen und entscheiden, ob sie sie einhalten wollen oder nicht. Nachdem die Regel oft wiederholt worden ist und die Kinder sie begriffen haben, müssen sie sie dann doch immer wieder austesten. Wir haben oft beobachtet, wie sich ein Kind vom Tisch davonmacht und sich dann umschaut, um sich zu vergewissern, ob die verantwortliche Person es auch sieht, als ob es überprüfen wollte, ob die Regel auch wohl durchgesetzt wird. Das zeigt, dass das Kind „versteht", dass es eine Regel gibt.

Für kleine Kinder ist es natürlich, dass sie Essen vom Tisch wegtragen wollen; sie können keinen Grund dafür sehen, das nicht zu tun. Wenn ein Kind die Regel ignoriert, versucht die verantwortliche Person zu zeigen, dass sie den Wunsch des Kindes zu tun, was es möchte, gut versteht, und dass es nicht unartig oder schlecht ist, weil es diesen Wunsch hat. Deshalb reagiert sie auch nicht mit Ärger auf das Kind, sondern wiederholt die Regel ruhig.

Natürlich werden Eltern gereizt, wenn ihre Kinder Regeln wiederholt austesten. Aber es wird vielleicht leichter, mit dem Verhalten des Kindes umzugehen, wenn man erkennt, dass es aus einer natürliche Neigung entsteht und nicht aus dem Wunsch, die Eltern verrückt zu machen.

Verstehen und gegenseitiger Respekt

Kinder brauchen wie Erwachsene Regeln und Richtlinien. Der Ansatz des RIE in Bezug auf Disziplin beruht auf dem Verstehen und dem gegenseitigen Respekt unter Familienmitgliedern und unterstützt diese Qualitäten auch. Wir könnten das Wort „Disziplin" leicht durch das Wort „Educaring" ersetzen; beide sind eine Kombination von Lernen und Nähren. Das Ziel ist innere Disziplin oder Selbstdisziplin, Selbstvertrauen und Freude am Kooperieren zu entwickeln.

Lob oder Anerkennung

Da wir Selbstbestimmtheit in einem Kind unterstützen, versuchen wir lieber das wertzuschätzen, was es aus eigener Initiative tut, als Anweisungen, Kritik oder auch Lob zu äußern.

Gelegentliches Spiegeln vermittelt dem Kind die Sicherheit, dass es unsere Aufmerksamkeit hat und dass wir mit unserem Gefühl bei ihm sind. Statt zu loben kann der Erwachsene ein „Reporter" sein und die Handlungen des Kindes beschreiben.

„Du hast den Ball berührt und er ist weggerollt."

„Es ist schwer, die beiden Tassen auseinander zu bringen."

„Jonathan steht schon ganz allein auf!"

Ein freudiges Lächeln, wenn das Kind ein Problem löst, vermittelt unsere Mitfreude an seinem Erfolg.

Wenn wir ganz ruhig da sind, wertschätzen und uns daran freuen, was das Kind gerade tut, bestärken wir es in seinen selbstbestimmten Aktivitäten.

Positives Verhalten anerkennen

Ich ziehe es vor, Anerkennung auszudrücken statt zu belohnen.

„Ich finde es schön, wenn du deine Spielsachen aufhebst."

Versprechen Sie keine Belohnung für Verhalten, das Sie von ihren kleinen Kindern erwarten können – zeigen Sie ihnen, wie Sie sich an ihnen freuen. Das strahlende Lächeln der Bewunderung auf dem Gesicht der Eltern ist für ein Kind Belohnung genug.

Während die meisten Menschen auf negatives Verhalten reagieren, versuchen wir positives Verhalten anzuerkennen. Wir ziehen es vor, dem Kind dann Aufmerksamkeit zu schenken, wenn wir Verhalten sehen, dasswir ermutigen möchten.

Häufig verwendete Formulierungen wie „Gutes Mädchen!" oder „Braver Junge!" werden schnell mechanisch und sind auf subtile Weise herabsetzend. Es setzt voraus, dass der Wert eines Kindes als Person von seiner Leistung abhängig ist. Dies kann für das Kind einen Konflikt schaffen. Es kann dazu führen, dass es denkt, schlecht zu sein, wenn es etwas anderes macht, als das, was gerade als „gut" gelobt worden ist.

Kinder brauchen nicht viel Aufhebens, nur eine deutliche Anerkennung beziehungsweise Mitfreude von Ihrer Seite.

Kriterien für Lob

Ich habe ein paar Kriterien für Lob zusammengestellt:

- Loben Sie kein Kind, das zufrieden spielt.
- Loben Sie kein Kind, das etwas extra für Erwachsene macht, etwas „vorführt".
- Sie können ein Kind für soziale Anpassung loben – wenn es Dinge tut, die sehr schwierig sind, wie Warten oder Teilen.

Verschiedene Bedürfnisse, verschiedene Standpunkte

In Situationen zwischen Eltern und Kind, die „verhandelbar" sind, entsteht oft Verwirrung darüber, was nun angemessenes Verhalten ist – zum Beispiel, wenn Ihr Kind möchte, dass Sie bei ihm sind, wenn Sie gerade etwas anderes machen möchten. Sollten Sie Ihr Vorhaben den Forderungen Ihres Babys opfern oder ist das gerade dann nicht machbar?

Die Antwort ist selten ein einfaches Rezept. Zum Zusammenleben mit anderen gehört das Verstehen der unterschiedlichen Standpunkte.

Wenn es Ihr Ziel ist, zu einer bessere Beziehung, einem friedlicheren Zusammenleben zu finden, ist es hilfreich, eine ganze neue Einstellung zu lernen, eine ganze neue Weise, Ihr Kind, sich selbst und den Konflikt von Bedürfnissen zu verstehen.

Ihre eigenen Bedürfnisse respektieren

Es ist hilfreich, wenn Sie mit Ihrem eigenen inneren Rhythmus in Kontakt sind – wenn Sie Ihre Bedürfnisse kennen und wenn Sie sie Ihrer Familie auch mitteilen, damit diese Ihre Bedürfnisse zu respektieren lernt. Wenn Sie ständig Ihre eigenen Bedürfnisse hinter denen Ihres Kindes zurückstellen, kann das bei beiden zu unterdrückter Wut führen.

Wenn es für Sie wichtig ist, die Zeitung zu Ende zu lesen, bevor Sie mit Ihrem kleinen Kind spielen, dann sollten Sie ihm dies deutlich sagen. Sagen Sie ihm, was Sie für sich selbst tun wollen und was Sie von ihm erwarten, sodass aus ruhigem Spielen, während Sie lesen, später auch längere Phasen des Für-sich-Seins werden können, in denen Sie beide etwas unabhängig voneinander tun können und doch ein gutes Gefühl zu ihrer Beziehung haben.

Auf den Standpunkt des Kindes „umschalten"

Lernen, den Standpunkt eines anderen Menschen einzunehmen, kann Ihnen als Eltern und als Mensch jetzt und in Zukunft von Nutzen sein. Was diesen Ansatz mit Kindern schwierig macht, ist, dass nur der Erwachsene sich auf den Standpunkt des Kindes einstellen kann. Sie müssen in der Lage sein, sowohl den Standpunkt Ihres Kindes als auch Ihren eigenen zu erkennen und zu verstehen. Kleine Kinder können das noch nicht, und manche Kinder lernen nie, eine Situation mit den Augen ihrer Eltern zu sehen.

Ich gebe Ihnen ein Beispiel: Nachdem Sie viele Stunden friedlich mit Ihrem achtmonatigen Ryan verbracht haben, würden Sie jetzt gerne mit Ihrer Freundin telefonieren. Ryan, der bisher still versunken gewirkt hatte, hört auf zu spielen und fängt an zu schreien. Sie finden das unfair. Waren Sie nicht bis jetzt entspannt und ausschließlich nur für ihn da?

Versuchen Sie nun, sich auf Ryans Perspektive einzustellen. Er kann noch nicht denken: „Meine Mama war so lange für mich da, jetzt braucht sie Zeit für sich." Sein Gefühl ist nur: „Ich will mit ihr zusammen sein, und sie ist nicht da."

Wäre es an dieser Stelle gut, wenn Sie aufhörten, etwas für sich zu tun, und nur das zu berücksichtigten, was Ryan möchte? Viele „gute" Mütter versuchen genau das zu tun, bis ihr Ärger auf ihr Baby so stark wird, dass er ihnen Angst macht. Ärger nützt in keiner Beziehung etwas, am wenigsten in der Beziehung zwischen Eltern und Kind.

Wenn Sie zurück zu Ihrem eigenen Standpunkt gehen, dann können sie Ihrem Sohn sagen: „Ich weiß, du hättest mich gerne in deiner Nähe [seinen Standpunkt anerkennen], aber ich möchte jetzt telefonieren [damit stehen Sie zu Ihrem Gefühl]. Ich bin in 20 Minuten wieder da [und geben ihm Hoffnung]."

Natürlich wird Ryan immer noch wollen, dass Sie nichts anderes tun als für ihn da zu sein. Denken Sie daran, dass niemand alles haben kann und nicht einmal haben sollte, wann immer er es möchte. Sie brauchen kein Mitleid mit ihm zu haben. Es nützt auch nichts, ärgerlich auf ihn zu sein. Warten lernen, lernen, nicht immer den eigenen Willen durchzusetzen, ist eine schwierige Aufgabe – Teil des Lernstoffs der frühen Kindheit. Die reifere Fähigkeit, die Standpunkte zu wechseln, ist Aufgabe der Eltern. In diesem Prozess lernen Eltern, sensibel für die Bedürfnisse ihrer Babys und ihre eigenen Bedürfnisse zu werden, sie einzuschätzen und aufeinander abzustimmen.

Das erste Mal, als ich meinen Sohn zum RIE mitnahm, war ich sehr berührt von der Ermutigung, die wir als Eltern bekamen, auch dafür zu sorgen, dass unsere Bedürfnisse erfüllt würden. Magda ermutigte uns dazu, uns selbst so zu respektieren, wie wir unser Kind respektierten. Das zu lernen war manchmal schwierig, denn überall in unserer Umgebung heißt es, dass wir für unsere Kinder Opfer bringen „sollten".

Kürzlich habe ich auf einem Geburtstagsfest bemerkt, wie sehr RIE mein Leben tatsächlich verändert hat. Die Kinder waren schnell mit dem Essen fertig und spielten wieder, während die Erwachsenen zu Mittag aßen und sich unterhielten. Mitten beim Essen kam der Sohn meiner Freundin zu ihr und bat sie, mit ihm zu kommen und ein Spiel mit den anderen Kindern zu spielen. Meine Freundin (die sehr bemüht um ihr Kind ist) sah auf ihren Teller, legte ihre Gabel auf ihren Salat, stellte ihn zur Seite, stand auf und verließ den Tisch, um mit dem Kind zum Spielbereich zu gehen.

Ich hielt inne, wollte etwas sagen und bemerkte, dass sie bereits weg war. Ich war von ihrer Reaktion überrascht. Wenn ich nicht so oft Magdas Rat gehört hätte und von ihr dazu ermutigt worden wäre, auch für mich zu sorgen, wäre ich vielleicht auch aufgesprungen, um meinem Kind diesen Gefallen zu tun. Stattdessen konnte ich mich sagen hören: „Ich bin gerade beim Essen, warte noch ein bisschen, bis ich fertig bin." RIE hat mir dabei geholfen zu „verinnerlichen", dass auch meine Grundbedürfnisse wichtig sind. Es ist in Ordnung fertig zu essen und es ist in Ordnung, meine Schuhe auszuziehen, mich umzuziehen und auf die Toilette zu gehen, bevor ich die Windeln wechsle. Der Gewinn ist für mich, dass manche meiner Bedürfnisse befriedigt werden, und ich dann ohne Gereiztheit oder Ärger wieder für mein Kind da sein kann. Mein Kind lernt schließlich, meine Bedürfnisse und die anderer zu respektieren, und zugleich auch, sich selbst zu respektieren.

Vom Baby

zum Kleinkind

An neue Entwicklungen anpassen

Wenn Babys größer werden und sich entwickeln, verändern sie sich auch, und diese Veränderungen unterbrechen den früheren Zustand. Während des ganzen Lebens machen wir immer wieder empfindsame Perioden durch, in denen wir in bestimmten Situationen verletzlicher sind als zu anderen Zeiten. Die ersten Lebensjahre sind durch immer wiederkehrende Zyklen von Ungleichgewicht–Anpassung–Harmonie geprägt. Für Eltern bedeutet das, sich dauernd an neue Entwicklungen anpassen zu müssen.

Wenn Sie wissen, was Sie auf bestimmten Stufen der Entwicklung Ihres Kindes realistischerweise erwarten können, kann es dadurch ein wenig leichter werden, die Schwierigkeiten von Trennungs- und Fremdenangst, der Trotzphase, von plötzlichem Appetitverlust, von Schlafstörungen, von Sauberkeitserziehung und anderen Zeiten der Veränderung zu verstehen.

Das Wichtigste, an das man sich immer wieder erinnern sollte, ist, dass Veränderungen im Verhalten Ihres Kindes keine „Rückschritte" sind, sondern einfach zum Wachstum und zur Entwicklung dazugehören.

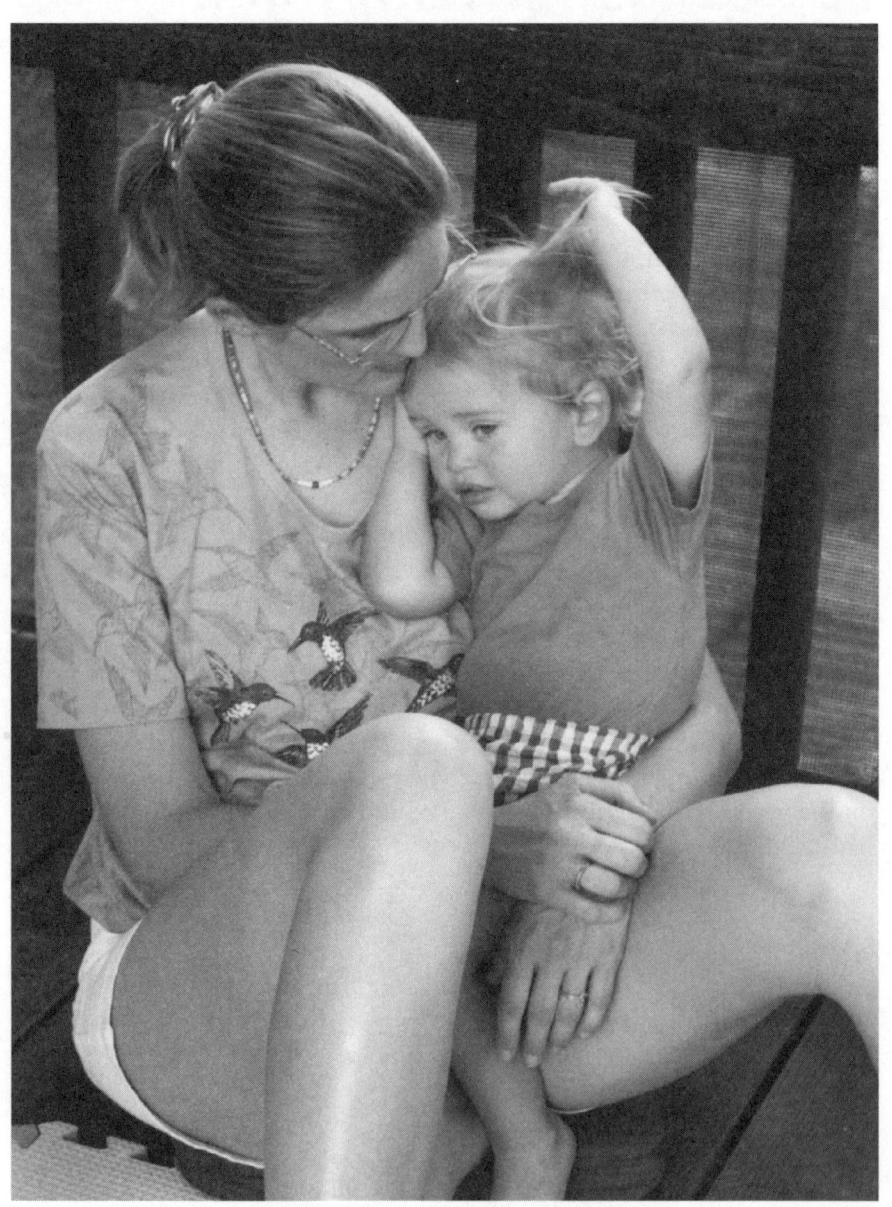

29

Trennungs- und Fremdenangst

Nach der Neugeborenenphase folgt eine Zeit des Gleichgewichts, denn die meisten Babys fangen an rund und strahlend auszusehen. Sie beginnen, sich friedlich über längere Perioden zu bewegen und zu erforschen und scheinen neue Fertigkeiten mit unglaublicher Schnelligkeit von selbst zu lernen und vielleicht glauben Sie, es jetzt geschafft zu haben.

Dann, in einem späteren Teil des ersten Lebensjahres, kann es sein, dass Ihr friedliches Baby plötzlich schreit, wenn ein Besucher sich ihm nähert, oder weint, wenn Sie das Zimmer verlassen und sich verzweifelt an Sie klammert. Sie fragen sich, was Sie falsch gemacht haben.

Nichts. Das Baby entwickelt sich, es wird sich seiner selbst als eines getrennten menschlichen Wesens und auch Ihrer als eines getrennten menschlichen Wesens mehr bewusst. Es hat seine Eltern kennen und wieder erkennen gelernt. Es hat gelernt, dass es Sie nicht auf magische Weise erscheinen lassen kann, wann immer es möchte. Das kann, wie viele andere neue Entdeckungen, angsterregend sein. Diese Angst nennt man Trennungsangst. Was kann man da machen?

Wenn Sie dem Ansatz des RIE von Anfang an gefolgt sind, haben Sie Ihrem Kind immer vorher gesagt, wenn Sie es allein lassen mussten, auch als es erst ein paar Wochen alt war. („Ich werde auf die Toilette gehen. Ich bin gleich wieder da" oder „Ich gehe für etwa 20 Minuten in die Küche" oder „Ich gehe ein paar Stunden weg und dann komme ich wieder. Großvater bleibt hier bei dir".) Jetzt ist es sogar noch wichtiger, Ihr Baby zu informieren, auch wenn Sie ziemlich sicher sind, dass es protestieren wird.

Was Trennung für Ihr Baby schwierig macht, ist, dass es immer der „Zurückbleibende" ist. Das kann ihm das Gefühl geben, verlassen und ohnmächtig zu sein. Um ihm dabei zu helfen, auch die Erfahrung zu machen, dass es eine gewisse Kontrolle hat, und damit es sich weniger ohnmächtig bei der Trennung fühlt, schlage ich vor, dass Sie Situationen schaffen, in denen das Baby der Initiator, der aktive Problemlöser ist. Sie können mit ihm in einen Park gehen, eine Art „Heimatbasis" anlegen, indem Sie eine Decke, einen Korb oder eine Unterlage auf den Boden legen und sich dazusetzen. Wenn Ihr Kind sich einmal sicher fühlt, dass Sie da bleiben, dann kann es sich ein bisschen von Ihnen entfernen, dann wiederkommen, dann wieder weggehen – und seine Fähigkeit üben, sich von Ihnen zu entfernen.

Angst vor Fremden

Während dieser Periode kann es sein, dass Ihr Baby auch Angst vor Fremden zeigt – Angst vor anderen (auch vor Menschen, die es schon kennt, wie einem Verwandten, der ab und zu zu Besuch kommt) oder vor neuen Plätzen, neuen Situationen usw. Es kann verzweifelt erscheinen, wenn Menschen, die es gut meinen, zu nahe kommen, es tätscheln oder berühren. Wenn das passiert, dann sagen Sie am besten einfach: „Bitte gehen Sie nicht zu nahe heran. Warten Sie einfach. Meine Tochter kennt Sie nicht und hat vielleicht Angst vor Ihnen."

Eine verletzliche Zeit

Interessanterweise passiert es oft in dieser Zeit, wenn die Trennungsangst des Kindes am größten ist, dass auch die liebevollsten Eltern das Gefühl haben, sie sollten sich von ihrem Kind entfernen. Das ist verständlich, weil Kinder zu dieser Zeit am quengeligsten und sehr anhänglich sind. Obwohl ich die Bedürfnisse der Eltern verstehe, schlage ich doch vor, dass sie ihre Ausgehpläne verschieben, bis das Kind sich sicherer fühlt. Dies ist eine sehr verletzliche Zeit und kein guter Moment wegzugehen. Es würde die Ängste nur verstärken.

Es ist für Eltern nicht leicht, die emotionalen Phasen der Anhänglichkeit und Trennungsangst ihrer Kinder durchzustehen. Wenn auch alle kleinen Kinder diese schwierigen Zeiten durchmachen, ist es doch für Kinder, die die Gelegenheit hatten, ihren Spielbereich frei zu erforschen, viel leichter, sowohl in Begleitung als auch für sich. Ein weiteres Argument für diesen sicheren Raum!

30

Teilen und Konflikte

Bevor ein Kind lernen kann zu teilen, muss es bestimmte Entwicklungsphasen durchmachen.

Am Anfang nimmt ein Kind sich nicht als getrennt wahr, sondern als Teil der Welt, die es fühlt, berührt, schmeckt, sieht und hört. Langsam entsteht ein Bewusstsein, dass es außen eine getrennte Welt gibt, dass es ein „Ich" und ein „Nicht-Ich" gibt. Später merkt es, dass Menschen sich unterscheiden, dass es eine „Mama" und eine „Nicht-Mama" gibt und dass es vertraute und nicht vertraute Menschen und Gegenstände gibt. Wenn ein Kind in dieser Phase einen Gegenstand hält oder nur haben möchte, dann ist er in seinem Denken „seiner". Das Kind hat noch kein Verständnis von Eigentum.

Etwas zu verleihen zum Beispiel beruht auf dem Wissen um Eigentum und Gebrauch. Der Besitzer lässt jemanden einen Gegenstand in dem Wissen benutzen, dass er später zurückgegeben wird. Aber das Kind hat kein Verständnis von Zeit. Nur „jetzt" existiert. Selbst 2 Minuten können wie eine Ewigkeit erscheinen. Wir können nicht erwarten, dass ein kleines Kind versteht, was Teilen bedeutet.

Wenn wir von unseren kleinen Kindern Verhalten erwarten, für das sie noch nicht bereit sind oder das sie nicht verstehen, tun sie, was wir von ihnen verlangen, weil sie den Druck der Eltern spüren, aus dem Wunsch nach Bestätigung oder aus Angst vor Strafe.

Charakteristika der Persönlichkeit wie Großzügigkeit, Einfühlungsvermögen, Fürsorge und Bereitschaft zum Teilen können nicht gelehrt werden – aber man kann sie durch Erfahrung lernen. Wenn ein Kind in einer Familie aufwächst, in der die Eltern nicht nur Dinge miteinander teilen, sondern auch Zeit und Aufmerksamkeit, wird ihm das helfen, diese Charakterzüge später selbst zu entwickeln.

Mit Konflikten umgehen

Es gibt bestimmte Verhaltensweisen, die wir von unseren Kindern erwarten können. Wenn Ihr Kind zum Beispiel ein anderes Kind verletzt, dann sollten Sie fest bleiben. Sie haben die Verantwortung und Sie können keinem Kind erlauben, ein anderes zu verletzen.

Bei kleinen Kindern, die mit dem Mund erforschen oder am Haar ziehen oder versuchen die Augen zu berühren, lenke ich nur sanft ein: „Ja, du kannst anfassen, aber ganz vorsichtig – und nicht das Auge." Ich vermittle Sanftheit und Vorsicht.

Später, wenn das Verhalten deutlich willensbestimmter ist, sage ich ganz einfach: „Nein, ich möchte nicht, dass du das tust."

Bei einer Gruppe von Kleinkindern (bis zu sechs Kindern – mehr sind schon so viele, dass man nicht erwarten kann, dass sie Freude miteinander haben) ist es hilfreich, wenn man dieselben Spielsachen mehrfach hat. Natürlich wird ein Kind immer den Lastwagen haben wollen, mit dem das andere Kind gerade spielt, weil er sich bewegt, weil er „lebendig" ist.

Wenn Sie sehen, dass sich ein Konflikt entwickelt, dann können Sie Folgendes tun:

- Bewegen Sie sich zuerst einmal ruhig, bleiben Sie nahe dabei und warten Sie geduldig. Die Kinder sind vielleicht in der Lage, allein damit umzugehen. Wenn die Kinder streiten, ohne einander wehzutun, ist es ein gute Übung für sie und man sollte ihnen erlauben, weiterzumachen.

- Sie könnten den Konflikt auf eine nicht wertende Weise beschreiben, zum Beispiel durch eine Bemerkung wie: „Du, Andrea, und du, Jason, ihr wollt beide denselben Lastwagen." Das hilft den Kindern sich zu beruhigen, wenn Sie Ihnen vermitteln, dass Sie ihre Situation verstehen und sich in sie einfühlen können.

- Wenn Sie immer noch streiten, dann können Sie sich im Raum umschauen und die Kinder fragen, ob sie ein anderes Spielzeug sehen, mit dem sie gerne spielen würden. Selbst mit einem anderen Spielzeug zu spielen kann ebenfalls die Aufmerksamkeit der Kinder darauf lenken.

- Wenn der Streit weitergeht, dann können Sie sich entscheiden einzugreifen. Sie könnten das umstrittene Spielzeug aus dem Verkehr ziehen. Mit anderen Worten, Sie ermöglichen Frieden und Ruhe, schlichten den Streit und lösen das Problem statt die Kinder weiter streiten zu lassen.

Wenn wir dem Ansatz des RIE folgen, beginnen wir mit so wenig Hilfe und Eingreifen, wie möglich. Wir erwarten und vertrauen, dass auch Kinder am meisten dadurch lernen, wenn sie Konflikte allein durcharbeiten. Wenn sich jedesmal Erwachsene einmischen und ihre Version davon einbringen, was richtig ist, dann lernen die Kinder entweder, sich auf sie zu verlassen oder ihnen zu trotzen. Je mehr wir vertrauen, dass sie ihr Problem selbst lösen können, umso mehr lernen sie es wirklich zu lösen.

Magda sagte immer: „Wenn wir ein Kind dazu bringen zu teilen, dann ist es kein Teilen." Das ist für die meisten von uns eine schwierige Vorstellung, und doch habe ich festgestellt, dass die Kinder von sich auch viel großzügiger und freigebiger gewesen sind, wenn ich ihnen ohne Voreingenommenheit die freie Wahl gelassen habe, zu teilen oder nicht zu teilen.

Es ist sehr schwierig zuzuschauen, wie Kinder sich um ein Spielzeug balgen, schreien und streiten – ohne einzugreifen. Aber wenn ich es schaffte, war ich überrascht, wie schnell diese Konflikte vorübergingen. Die Kinder arbeiteten sich hindurch und waren bald dabei, etwas anderes zu tun. Sie hatten die Möglichkeit gehabt, ihre wirklichen Gefühle zu fühlen und auszudrücken, die Konsequenzen in der wirklichen Welt erfahren zu lernen und dann weiterzugehen.

Beißen

Kinder, die beißen, sind für viele Familien ein Problem und bereiten in Gruppen wirkliche Schwierigkeiten.

Unsere Reaktionen und Interventionen sind je nach dem Alter des Kindes; der Häufigkeit des Beißens; der Situation, in der es vorkommt, und dem Grundbefinden und der Stimmung des Kindes (ob das Kind mehr oder weniger zufrieden oder die meiste Zeit gereizt ist) verschieden.

Kleinere Kinder

Das Problem fängt gewöhnlich an, wenn die friedlich stillende Mutter von ihrem saugenden Kind gebissen wird. Ein überraschtes „Autsch" und Zurückziehen der Brust lässt das Baby wissen, dass sie es nicht mag, wenn es sie beißt.

Kinder beißen zunächst, weil Beißen ein natürlicher Impuls ist, und zwar weil ihre Gaumen jucken und ihre Zähne sich melden.

Wie das Erforschen mit dem Mund ist Beißen ein Instinkt. Erik Erikson beschreibt es als die oral-aggressive Phase der Kindheit. Weil es instinktiv ist, reagieren Erwachsene mit mehr Ärger, Angst und Rachegefühlen darauf als auf andere aggressive Impulse. Ausbrüche wie: „Ich beiße dich auch, damit du merkst, wie weh das tut!" oder „Beiß ja niemals wieder!" sind üblich. Die Absurdität der Forderung: „Beiß ja niemals wieder!" wurde auf erschreckende Weise von einem kleinen autistischen Kind illustriert, das wirklich ganz mit Beißen aufhörte und seine normalen Essgewohnheiten so veränderte, dass es nur noch pürierte Nahrung zu sich nahm.

Kleinkinder

Während in der frühen Kindheit Beißen eher dem Erforschen dient, beißen Kleinkinder, wenn sie frustriert, ärgerlich oder müde sind. Kleine Kinder wollen, was sie wollen, sofort, ohne Aufschub. Das ist die Natur der Kindheit. Warten kann zu beunruhigend sein. Bei dieser Art Beißen sage ich in entschiedenem Ton: „Nein" und: „Ich will nicht, dass du beißt, und ich werde nicht zulassen, dass du beißt."

Manchmal baut sich Frustration über eine gewisse Zeit hin auf. Kleine Kinder werden vielleicht gereizt, weil ihre Grundbedürfnisse nicht angemessen befriedigt werden. Zu viel Stimulierung oder schlechtes Timing können ihren biologischen Rhythmus stören, sie vom Schlaf abhalten, wenn sie müde sind, oder vom Essen, wenn sie hungrig sind. Vielleicht fällt es den Eltern schwer, ihre eigenen Aktivitäten zu koordinieren, um für eine überschaubare Umgebung des Babys zu sorgen. Wenn ein Kind andere Zeichen von Frustration zeigt, würde ich mir seinen Tagesablauf anschauen, um die Quelle seines mangelnden inneren Gleichgewichts zu entdecken und zu verändern.

Chronisches Beißen

Wenn ich mit einem Kind zu tun habe, das oft beißt und das andere Kinder einschüchtert, muss ich eine sensible aber energische Strategie anwenden. Die anderen Kinder haben nicht nur Angst vor dem beißenden Kind, dieses hat vielleicht noch mehr Angst vor seiner eigenen potentiellen Macht zu verletzen. Sowohl „Opfer" als auch „Täter" müssen fühlen, dass der Erwachsene auf der Höhe des Geschehens ist und sie beschützen kann.

Vor Jahren gab es im RIE ein zweijähriges Kind, das für sein Beißen bekannt war. Seine Mutter war verzweifelt. Sie erzählte, dass die Kinder auf dem Spielplatz, sobald sie ihren Sohn Andy sahen, vor ihm wegliefen.

Andy und vier andere Kinder kamen einmal die Woche für zwei Stunden zu unserem Kleinkindprogramm. Als ich Andy zum ersten Mal beißen sah, sagte ich ihm ruhig, aber bestimmt: „Ich werde dich kein Kind und keinen großen Menschen beißen lassen. Wenn du beißen möchtest: gibt es hier verschiedene Dinge (Beißringe, Gegenstände aus Gummi oder Plastik usw.), die du beißen kannst."

Von da an beobachtete ich ihn sehr genau, um vorhersehen zu können, was seinen Wunsch zu beißen auslösen würde, damit ich ihn davon abhalten konnte. Wenn ich spürte, dass er außer Kontrolle geriet, hielt ich ihn fest, aber nicht bestrafend, und sagte ihm, ich würde ihn nicht beißen lassen. (Ich glaube, dass ihm das die Möglichkeit gab, mir vertrauen zu lernen.) Schließlich entspannte er sich und ich ließ ihn los.

Gelegentlich kaute Andy spielerisch auf einem Donut aus Plastik, ein Teil eines stapelbaren Spielzeugs. Einmal regte Andy sich auf und fing an zu laufen. Und da lief ihm zufällig ein anderes Kind über den Weg. Das war zu viel für Andy und er biss sie. Ich sagte zu Andy: „Ich habe gesehen, dass du deinen Ring haben wolltest, aber es war zu weit, und Tammy kam dir in die Quere. Wie wärs, wenn du deinen Ring an deinem Hemd festbindest, damit du ihn hast, wenn du ihn brauchst?" Andy war so stolz auf seinen eigenen Beißring, dass alle anderen Kinder auch einen haben wollten. Das dauerte eine Weile an, und dann war es mit dem Beißen in dieser Gruppe vorbei.

Diese Anekdote ist ein Bericht über eine Möglichkeit, wie man mit einem Problem umgehen kann. Es sollte aber nicht als ein Rezept für eine Lösung genommen werden, sondern eher als Beispiel dafür, wie man das Grundprinzip anwenden kann, im Einklang mit der Natur an Problemen zu arbeiten und nicht gegen sie.

Kleinkinder,
die laufen lernen

Das Alter, in dem Kinder laufen lernen, ist eine Zeit ständigen Ringens.

Für das Kind ist es eine Zeit starker Ambivalenz. Es ist von innerem Aufruhr und überwältigenden gegensätzlichen Gefühlen erfüllt. Kein Vorschlag, den Sie machen, wird richtig sein, weil ein Kind in diesem Alter entgegengesetzte eigene Bedürfnisse hat. Es fühlt sich abhängig und unabhängig, groß und klein, stark und schwach zugleich. Ein Kind in diesem Alter fühlt sich mal allmächtig, mal hilflos.

Wenn ein Kind sich aufrichtet und anfängt zu laufen, wenn es anfängt, die Sprache zu verstehen, dann wird das Gefühl von Sicherheit, das es während seines ersten Lebensjahres erreicht hat, erschüttert. Es ist in der Lage, mehr und mehr von der *Conditio humana,* von der Realität zu spüren. Wenn es anfängt, sprechen zu lernen, wird es fähig, seine Bedürfnisse mitzuteilen. Es ist nicht mehr das abhängige, süße Baby, das Mitgefühl, Liebe und Fürsorge weckt. Jetzt ist es ein Forscher. Es muss herausfinden, wer es ist und wie viel Kraft es hat.

Kinder in diesem Alter haben auch ein überschäumendes Gefühl von sich selbst. Aber sie können noch nicht einschätzen, was sie wirklich können und was sie nicht können. Sie haben außerdem Angst vor ihrer eigenen Kraft, deshalb brauchen sie in dieser Phase Freiheit und Führung, sehr viel Führung.

Wenn Sie einmal die Wichtigkeit und Größe dieses Ringens Ihres Kindes verstehen, können Sie es mit Ihrer Haltung in seinem schnellen körperlichen und emotionalen Wachstum unterstützen.

Es ist schwierig, mit einem Kind in diesem Alter achtsam und mit Empathie zu leben.

In diesem Alter ist das Kind ein schreckliches, wunderbares, nervendes, wahres und auch gequältes menschliches Wesen. Es gibt Momente, da glaubt es, ihm gehöre die Welt, und dann hält es die ganze Welt wieder für seinen Feind.

Sie brauchen eine enorme Menge Energie, Geduld und Mitgefühl.

Sie müssen lernen herauszufinden, welches der optimale Abstand zu ihm ist, wenn es die Welt erforscht. Sie können lernen, für Ihr Kind eine Insel der Sicherheit im Meer der Verwirrung und der Angst zu sein.

Sie sind vielleicht in der Lage, Ihrem Kind ein Gefühl von Sicherheit zu vermitteln, wenn Sie selbst der Überzeugung sind, dass diese entscheidende Phase wirklich nur sehr kurz ist, auch wenn sie sich ewig hinzuziehen scheint.

Und vor allem brauchen Sie Humor.

Mit einem Kind in diesem Alter zu leben kann auf eine witzige Weise therapeutisch sein. Alle menschlichen Ängste – sich gut oder schlecht, geliebt oder verlassen zu fühlen – kommen zu einem Höhepunkt. Es ist wie ein Initiationsritus in der Reise einer Familie. Wenn dieser Übergang vom Babyalter zum Vorschulalter für Sie selbst als Kind schwierig war, kann es für Sie schwierig sein, es noch einmal durchzumachen. Auf unserer Reise als Eltern müssen wir unter Umständen die beängstigenden Seiten unserer eigenen Kindheit erforschen. Wir können versuchen diese Gelegenheit zu vermeiden oder sie als heilsam anzusehen.

Sauberkeitserziehung

Sauberkeitserziehung ist ein natürlicher Prozess. Alle normalen Menschen machen ihn durch. Verschiedene Gesellschaften haben verschiedene Methoden, aber das Wichtige ist, dass das Kind dafür bereit ist.

Die Realität ist, dass ein Kind, wenn es einmal so weit ist und sich dafür entscheidet, die Toilette zu benutzen, weiß, wie man das macht. Es ist unnötig, die kleinen Techniken zu lehren oder zu üben, die Eltern oft vorgeschlagen werden.

Kinder lernen allmählich, was sie wissen müssen, wenn Eltern Kooperation ermutigen, wann immer sie für ihre Kinder sorgen. Wenn Wickeln eine angenehme Erfahrung, ein wahrer Dialog zwischen Eltern und Kind war – wenn die Pflegepersonen mit ihrer ganzen Aufmerksamkeit dabei sind – wird wahrscheinlich kein besonderes Üben nötig sein.

Übertriebenes Lob, Belohnungen, Bestechung und Strafen sind nicht nur unnötig, sondern manipulativ. Psychologisch können Sie einem Kind damit die Möglichkeit nehmen, diesen wichtigen Schritt zur Autonomie aus eigenem Entschluß zu tun.

Um meine Bedenken zu vermitteln, möchte ich betonen, um wie viel mehr es beim Benutzen der Toilette geht ... es ist weit mehr als ein äußerer Vorgang.

Ein gesundes, normales Kind, das in einer durchschnittlich akzeptierenden, fürsorglichen Familie lebt, lernt das von selbst. Zu seiner natürlichen Entwicklung gehört, dass das Kind wie seine Eltern sein und handeln möchte. Das Kind muss körperlich bereit sein (es benötigt die Fähigkeit der Blase, mehr Flüssigkeit zu halten, und bessere Kontrolle über den Schließmuskel), kognitiv (es muss sich bewusst sein, was von ihm erwartet wird) und emotional bereit sein (es muss bereit und willens sein, die bequeme Situation aufzugeben, Urin und Stuhl in die Windeln zu lassen, wann immer das natürlich passiert).

Für das Kind bedeutet das, dass es einen natürlichen Drang kontrollieren und aufschieben muss; dass es etwas weggeben muss, was es vielleicht immer noch für einen Teil seines Körpers und deshalb für wertvoll hält, und dass es sich an eine Gewohnheit anpassen muss, die von Erwachsenen gestaltet ist. Deshalb kann diese Zeit eine Zeit inneren Konflikts sein.

Unzählige Bücher sind über Sauberkeitserziehung geschrieben worden. Ohne detaillierter auf dieses umfangreiche Thema einzugehen, möchte ich ein paar Themen dieser Phase der frühen Kindheit erwähnen, die eine Auswirkung auf unser ganzes Leben haben:

- Abhängigkeit oder Unabhängigkeit und Autonomie
- Nehmen oder Geben
- Festhalten oder Loslassen
- Fortschreiten (erwachsen werden wollen) oder Regression (ein Baby bleiben wollen)

Obwohl das Themen sind, die einen Menschen lebenslang beschäftigen, scheinen sie während dieser Entwicklungsphase entscheidend zu sein.

Liebe Eltern, vertrauen Sie Ihrem Kind.

Erinnern Sie sich daran, dass jede Erfahrung während des langen Lernprozesses wichtig ist.

Für mein jüngstes Kind waren Wickeln, Baden, Füttern und Anziehen besondere Momente. Es gab keinen Kampf wegen Sauberkeitserziehung. Zwischen zwei und zweieinhalb entschied meine Tochter, dass sie so weit war und brachte es sich selbst bei. Ich ließ ihr die Wahl, die Erwachsenentoilette mit einem Stühlchen oder einen Stuhl mit einem eingebauten Topf zu benutzen.

Die jüngste Errungenschaft meines Sohnes ist seine Fähigkeit, die Toilette zu benutzen. Im Alter von dreieinhalb beschloss er zu lernen die Toilette zu benutzen und innerhalb einer Woche hatte er beide Fertigkeiten, die er brauchte, allein gemeistert. Er „verkündet" immer noch, wenn er die Toilette benutzt, aber er ist sehr geschickt.

Unsere Tochter benutzt jetzt seit einiger Zeit sehr kompetent die Toilette, ohne irgendein besonderes „Training". Wir haben ihr einfach eine Kindertoilette angeschafft (eine die klein genug ist, dass sie mit ihren Füßen den Boden berühren kann), lange bevor sie so weit war, sie zu benutzen, und haben ihr gesagt, dass das ihre eigene Toilette sei, die sie benutzen könnte, wann sie möchte. Es verging eine lange Zeit, bis sie auch nur den Versuch unternahm, sie zu benuten, und es dauerte ein paar Monate, bis sie alle Phasen ihrer Sauberkeitserziehung abgeschlossen hatte. Aber das Entscheidende ist, es war ihrem eigenen Timing überlassen.

All diese Beispiele lassen es schrecklich leicht erscheinen, aber es kann auch schwierige Situationen geben.

Mein Sohn, der drei Jahre alt ist, beobachtete im Laufe des Tages, wie seine neun Monate alte Schwester mit ihren neuen Fähigkeiten, zum Abschied zu winken und zu klatschen, Mittelpunkt der Aufmerksamkeit war. Obwohl er die Sauberkeitserziehung hinter sich hatte, ging er am Ende des Tages hinter die Gardinen und machte in seine Hose, als ob er sagen wollte: „Seht mal, was ich kann."

Kindererziehung

und andere Berufe

Eltern-Gruppen

Für Eltern kann es hilfreich sein, wenn sie sich mit anderen über die Ängste und die Freuden und Hoffnungen, die Hochs und die Tiefs des Elternseins und der Kindheit austauschen können. Das ist ein Grund, warum ich Eltern vorschlage, Gelegenheiten zu schaffen, mit anderen Eltern zusammenzukommen.

Es fühlt sich nicht nur tröstlich an zu wissen, dass sie nicht allein sind, Eltern können einander außerdem in vielerlei praktischer Hinsicht helfen, über den Austausch von Ideen und Informationen hinaus. Eltern brauchen eine gewisse Zeit ohne ihre Kinder, aber sie müssen dabei sicher sein, dass ihre Kinder gut versorgt sind.

Eine kleine Gruppe, die sich regelmäßig trifft, macht es Eltern möglich, das Verhalten und die Entwicklung der Kinder und auch andere Eltern mit ihren Babys zu beobachten. Die Unterschiede und Ähnlichkeiten der Persönlichkeit und der Erziehungsstile kann die Perspektive des eigenen Elternseins erweitern.

Auch die Kinder werden sich auf ein regelmäßiges Zusammentreffen mit denselben Kindern freuen. Sie lernen das Zusammensein mit anderen Kindern und auch, andere Pflegepersonen außer ihren Eltern zu akzeptieren und ihnen zu vertrauen. Langsam werden sie so darauf vorbereitet, in die weitere Welt des Kindergartens hineinzuwachsen.

Es braucht Zeit, Mühe und Hingabe, ein solches Programm zu initiieren und durchzuführen: Eltern mit Kindern ähnlichen Alters zu finden, mit denen man sich versteht; geeignete Spielsachen zu beschaffen; einen Platz zu finden und ihn kindersicher zu machen (es ist für Kinder überschaubarer, wenn sie sich jedesmal am selben Ort treffen und dieselben Dinge am selben Platz vorfinden), und zu entscheiden, wie oft und wie lange sich die Gruppe in der Woche treffen sollte (möglichst zwei Stunden pro Woche für Säuglinge und dann zunehmend länger bis zu drei

oder mehr Stunden für Kinder, die schon laufen lernen). Die Eltern sollten sich in der Leitung der Gruppe abwechseln (während die anderen
bleiben, um zuzuschauen, zu helfen oder dann schließlich auch zu
gehen), und sie können sich ebenfalls abends ohne die Kinder treffen,
um das Programm auszuwerten und zu besprechen.

Bei regelmäßiger Teilnahme und Mitarbeit kann eine gut organisierte
Elterninitiative von sehr großem Nutzen sein.

Entscheidungen, Entscheidungen

Viele Mütter und Väter arbeiten auch nach der Geburt ihres Babys den ganzen Tag und haben das Gefühl, das sei aus ökonomischen, psychischen oder vielen anderen Gründen notwendig. Wenn Menschen sagen: „Ich muss ...", bedeutet es jedoch ziemlich oft in Wirklichkeit: „Ich möchte ..." Es ist nicht immer leicht, das zu tun, was Sie wirklich tun wollen, und es dann auch zuzugeben und dazu zu stehen.

Eltern, denen ihre Arbeit Spass macht, kommen vielleicht viel erfrischter nach Hause und sind dann eher bereit, mit ihrem Kind zusammen zu sein. Eltern brauchen Zeit für sich selbst, so wie ein Kind Zeit für sich braucht.

Eltern, die sich dafür entscheiden, die ganze Zeit zu Hause zu sein, brauchen auch Zeit, die sie ohne ihre Kinder verbringen. Eltern dürfen ihre Individualität nicht für die Kinder unterdrücken, auch wenn sie nur eine einzige, stille private Stunde pro Tag für sich haben. Aber ich möchte auch nicht, dass diese Eltern das Gefühl haben, sie müssten ausgehen, müssten arbeiten oder müssten etwas anderes tun, als das, was viele von ihnen wirklich am liebsten tun möchten: nämlich zu Hause bleiben und die ganze Zeit nur Eltern sein. Ich rate immer noch dazu, wenn es ökonomisch möglich ist, dass wenigstens ein Elternteil die ersten paar Jahre wartet, bevor er oder sie wieder für eine Vollzeitarbeit in die Welt hinausgeht. Sicher ist es ein Opfer – finanziell, auch in kreativer Hinsicht – aber es gibt ja noch Zeit, es gibt später noch so viel Zeit. Sie müssen sich selbst fragen: „Was würde eigentlich wirklich passieren, wenn ich in diesem Moment nicht arbeiten würde ...? Oder wenn ich weniger arbeitete ...?"

Bitte bedenken Sie, dass Ihr Kind sich in seinem ganzen Leben nicht mehr so schnell entwickelt und verändert – jeder Tag kann ein neues kleines Wunder bringen. Wenn irgend möglich: verpassen Sie es nicht! Und wenn Sie arbeiten möchten, versuchen Sie eine Teilzeitstelle zu finden.

Obwohl ein ganzer Tag mit einem Baby manchmal lang erscheinen kann, haben Eltern im Rückblick oft das Gefühl, dass die ersten zwei Jahre wie im Fluge vergangen sind.

Der Ansatz des RIE kann manche der Frustrationen vermeiden helfen, die damit verbunden sind, dass Elternsein etwas „ununterbrochenes" ist, und zwar deshalb, weil er Ihnen hilft, Ihr Leben so zu strukturieren, dass sowohl Sie wie auch Ihr Baby Zeiten von Zusammensein wie von Für-sich-Sein, wenn Ihr Baby allein seine Umgebung erforscht, genießen können. Sie brauchen nicht der Sklave Ihres Kindes zu werden. Wenn es dann mit der Zeit lernt, sprachlich zu kommunizieren, dann wird es eher bereit sein, in Ihrer Abwesenheit andere Pflegepersonen zu tolerieren, wenn Sie zu diesem Zeitpunkt zu einer anderen für Sie selbst befriedigenden Arbeit zurückkehren wollen.

Alternativen der Kinderversorgung

Allein erziehende Eltern und Eltern, die beide arbeiten, müssen sich fragen, was für eine Pflegesituation für sie und für ihr Kind zufrieden stellend wäre. Ich glaube, wenn Sie etwas wirklich wollen, werden Sie es auch finden.

Eine Pflegeperson

Ich würde den Eltern, die nicht bei ihrem Kind sein können, wünschen, dass sie eine Person finden, die sich um ihr Kind kümmert, der sie Vertrauen schenken und bei der sie ein gutes Gefühl haben. Ich würde auch wünschen, dass diese Person eine innere Verpflichtung und großes Interesse an dieser Arbeit empfindet, denn es geht um den wichtigsten Beruf, den es gibt. Die Eltern würden sich gut fühlen, denn sie wüssten, dass sie für die beste, liebevollste Lösung gesorgt haben. Geht diese Helferin auf die kleinen Zeichen des Kindes ein, so stellt dies das Vertrauen des Kindes in den Erwachsenen her. Diese Art Vertrauen bildet die Basis für den Kontakt in der Beziehung des Helfers mit dem Kind.

Kinderkrippen

Manche Kinderkrippen sind sehr gut, aber nur wenige sind wirklich für Kinder unter zwei Jahren geeignet.

In meiner Arbeit habe ich eine große Vielfalt an Zentren beraten und ich habe herausgefunden, dass die Leiterinnen und Leiter gewöhnlich wohlmeinende, kinderliebe Menschen sind, die eine gute Arbeit leisten wollen, aber dass das aus vielen Gründen selten möglich ist.

Sogar auf nationaler Ebene gibt es sehr wenige Zentren mit einer konsistenten Philosophie und Methodik, die als Modelle für andere Kinderzentren dienen könnten, und es wird kaum umfassende, fortlaufende Weiterbildung für das Personal angeboten. Meistens sind Gehälter und Engagement niedrig und die Fluktuation der Angestellten ist hoch. Die Kinder müssen sich ständig an neue Menschen und ihre verschiedenen Erziehungsstile gewöhnen. Die Einrichtungen sind oft unangemessen: die Räume zu groß oder zu klein, ohne direkten Zugang zu sicheren Außenbereichen oder es gibt nicht genug natürliches Licht.

Es ist fast unmöglich, Kindern eine ruhige Umgebung zu schaffen, weil zu viele Menschen kommen und gehen, weil es zu viel Lärm, zu viel künstliches Licht und überhaupt zu viel von allem gibt.

Eine andere Lösung

Manche Eltern überlegen, ob sie ihr Kind mit ins Büro oder zur Arbeit nehmen sollen, und die Vorstellung, bezahlte, produktive Arbeit zu leisten, während man zärtliche, liebevolle Fürsorge gibt, ist verführerisch. Doch die Realität ist, dass sehr wenige Arbeitsplätze, wenn es überhaupt welche gibt, die passende Umgebung für Säuglinge und noch weniger für heranwachsende Kleinkinder sind. Aus meiner Sicht ist dies eine typische Weder-noch-Situation: Die Eltern können mit ihrer Aufmerksamkeit weder ganz bei ihrem Kind noch ganz bei ihrer Arbeit sein. Als Ergebnis kommen alle Beteiligten, das Kind, die Eltern und der Arbeitgeber zu kurz.

Was vielleicht eine bessere Lösung sein kann, ist eine Art Einrichtung vor Ort, in der Eltern zu verschiedenen Zeiten während ihres Arbeitstages mit ihren Kindern eine bestimmte Zeit mit Füttern oder Pflege verbringen oder einfach nur so zusammen sein können. Jeder Raum wird für ein paar Kinder eingerichtet (nicht mehr als vier) und von einer gut ausgebildeten Kinderpflegerin betreut. Das hätte viele Vorteile einer Kinderkrippe ohne manche der Nachteile, zum Beispiel wären nicht zu viele Kinder in einer Gruppe und die Kinder nicht zu viele Stunden am Stück von ihren Eltern getrennt. Eine solche Einrichtung könnte beim oder nicht weit vom Arbeitsplatz gelegen sein. Sie könnte sich an den Empfehlungen des RIE für eine sichere Umgebung orientieren, und zwar mit einem Minimum an Ausstattung wie Bettchen, einem Wickeltisch und einfachem Spielmaterial, wie unzerbrechlichen Behältern, Schüsseln, Kästen und Bällen. Die Eltern könnten die Ausstattung zusammentragen oder die Einrichtung könnte vom Arbeitgeber durch Übernahme der laufenden Kosten und der Gehälter der Pflegepersonen unterstützt werden.

Wenn die Eltern wissen, dass ihre Kinder in einer an ihren Bedürfnissen orientieren Umgebung in der Obhut einer zuverlässigen Person sind und dass sie ihre Kinder mehrmals am Tag besuchen können, gibt ihnen dies innere Ruhe. Statt sich schuldig zu fühlen, weil sie nicht bei ihren Kindern sein können oder weil sie sich andererseits nicht ganz auf ihre Arbeit konzentrieren können, ist es Eltern bei solch einem Arrangement möglich bessere Arbeit zu leisten und mehr Befriedigung in ihr zu finden.

Eine Pflegesituation für Ihr Kind beurteilen

Was sollten Eltern von einer guten Pflegesituation erwarten und worauf sollten sie achten? Ein möglicher Ansatz, eine Antwort darauf zu finden, ist die Frage: Wäre ich gerne hier, wenn ich das Kind wäre?

* Lässt die Umgebung zu, dass ich (das Kind) alles tue, was ich natürlicherweise tun würde?
* Habe ich die Möglichkeit vorher zu wissen, was als Nächstes passiert?
* Gibt es einen Raum, der groß genug und absolut sicher ist, in dem ich mich frei bewegen kann?
* Gibt es eine Anzahl sicherer und angemessener Gegenstände, unter denen ich wählen kann?
* Lässt man mir Zeit zum Spielen, ohne dass ich dabei unterbrochen werde?
* Kann ich tun, was von mir erwartet wird?
* Kenne ich, wenn ich weine, die Person*, die dann für mich da ist?
* Gibt es einen ruhigen Platz zum Schlafen, wenn ich müde bin?
* Schaut meine Pflegeperson mir genau zu, um meine Bedürfnisse zu verstehen?
* Bekomme ich Zeit, um meine eigenen Konflikte so weit wie möglich selbst zu lösen?

---

* Seit meiner Arbeit mit Dr. Pikler in den 40er Jahren glaube ich, dass ein Kind eine intime, stabile Beziehung mit ein paar Menschen braucht. Wenn ein Kind in einer Gruppe sein muss, dann bin ich für eine kleine Gruppe von Kindern mit einer ständigen Pflegeperson.

- Ist meine Pflegeperson mit ihrer ganzen Aufmerksamkeit bei mir, wenn sie für mich sorgt?
- Sind meine Eltern jederzeit willkommen, wenn sie mich besuchen wollen?

Antworten auf

grundsätzliche Fragen

Moden und Trends in der Kindererziehung

Seit es Menschen gibt, haben sie Kinder aufgezogen. Können wir das jetzt besser? Tausende von Büchern sind geschrieben worden. Haben sie etwas genutzt? Immer mehr „Experten" lehren eine Vielfalt an Methoden. Funktionieren sie? Ich frage mich manchmal, ob diese Überfrachtung mit Informationen nicht mehr Verwirrung schafft als dass sie dem Verstehen dient.

Das Pendel der Praktiken der Kindererziehung schwingt hin und her. Moden kommen und vergehen schnell. Wir müssen einen eigenen Stand haben, wenn wir Eltern helfen wollen, den Unterschied zwischen dem zu sehen, was universell gültig ist, und dem, was eine veränderliche Mode in der Kindererziehung ist, damit mehr Kinder zu authentischen Kindern und Erwachsenen heranwachsen.

Wir sollten nicht zu leicht von etwas „Neuem" begeistert sein. Im Gegenteil, wir sollten jede „neue und verbesserte" Theorie und Technik zu beurteilen versuchen, indem wir logisches Denken anwenden. Es gibt immer einige Menschen, die verrückte Ideen haben.

Kinder stimulieren

Stimulation bedeutet für mich Unterbrechung. Ich glaube, dass das, was Kinder von sich aus tun, sehr wichtig ist, und wir sollten versuchen, dem täglichem Leben eine Struktur zu geben, damit es im täglichen Ablauf von Schlafen, Essen und freiem Erforschen kaum Unterbrechungen gibt. Was mich am meisten aufregt, sind die vielen Botschaften, die Eltern bekommen, dass kleine Kinder mehr Stimulierung brauchen – dass etwa ein sechs Monate altes Kind vom Einkaufen in einem Supermarkt oder ein neun Monate altes Kind von einem Fernsehprogramm für Kinder profitiert oder dass ein zehn Monate altes Kind zu Gruppen gehen möchte, in denen es darum geht, seine Aktivität zu stimulieren.

Was für eine traurige und erfolglose Illusion Eltern entwickeln, denen es um den Schein geht: sie lernen zu erwarten und zu sehen, was sie sehen möchten, statt die Realität wahrzunehmen. Warum sind die Eltern nicht gelassener, schauen zu und freuen sich an dem, was ihre Kinder tun können? Warum sorgen sich so viele Eltern lieber und geben sich eine solche Mühe, die Kinder dazu zu bringen, etwas zu tun, was sie noch nicht tun können?

Zu viel, zu früh

Viele Eltern, Lehrer, Ärzte und Angehörige anderer Berufe verwenden Zeit und Energie auf den Versuch, die Entwicklung zu beschleunigen, die Kinder zu zwingen, etwas zu tun, was sie nicht tun können, oder ihnen etwas beizubringen, wozu sie noch nicht fähig sind. Wie traurig. Niemand gewinnt dabei außer den vielen, die mit der Herstellung von Dingen Geld verdienen, die den natürlichen Entwicklungsprozess angeblich beschleunigen.

Obwohl manche Menschen vielleicht auf die Stimme der Vernunft hören und anfangen sich zu fragen, was wirklich für ihre Kinder am besten ist, habe ich die Befürchtung, dass noch mehr von den bunten Schautafeln und Gehirnabbildungen verführt werden. Als Ergebnis wird man immer mehr Babys in die Luft werfen, ihnen irrelevante Dinge beibringen, sie wie Objekte behandeln und ihnen Daten eingeben wie Computern. Es ist so, als fütterte man das Kind mit Nahrung, die es nicht verdauen kann.

Es kann sein, dass Eltern sich so sehr anstrengen, ihre Kinder zu „lehren", dass sie nicht merken, was die Kinder eigentlich von ihnen lernen. Wenn Kinder nicht verstehen, was von ihnen verlangt wird, dann ist alles, was sie lernen, auf die Hinweise ihrer Eltern zu reagieren, wie unabsichtlich diese auch sein mögen – auf den Gesichtsausdruck, auf den Ton der Stimme, auf feine Gesten. Kinder lernen sich darzustellen, wie Elephanten im Zirkus – und werden nicht dafür wertgeschätzt, dass sie einfach sie selbst sind, sondern dafür, dass sie etwas vorführen oder leisten.

Warum ist es so schwierig, zu akzeptieren wie wichtig es ist, dass ein Kind für etwas bereit ist? Kleine Kinder, die sich normal entwickeln, tun, was sie tun können; sie halten sich nicht zurück. Eltern, die erwarten, dass ihre Kinder etwas auf einer Stufe leisten, die sie noch nicht erreicht haben, kreieren Versagen, Leistungsdruck und Enttäuschung für ihre Kinder wie auch für sich selbst.

Merken Menschen nicht, wie es sich auf kleine Kinder auswirken kann, wenn das, was sie tun können, nicht wertgeschätzt, aber was sie nicht tun können von ihnen erwartet wird? Was für eine traurige und verwirrende Erfahrung muss es sein, aufzuwachsen und dabei niemals die Erwartungen der Eltern zu erfüllen. Und wie frustrierend muss es für Eltern sein, wenn sie nicht in der Lage sind, sich an dem zu freuen, was ihr Kind in Wirklichkeit tut. Es kommt mir so vor, als würden alle verlieren.

Wäre das Leben nicht für die Eltern wie auch für Kinder leichter, wenn die Eltern zuschauen, sich entspannen und sich an dem freuen würden, was ihr kleines Kind gerade tut, statt ihm dauernd beibringen zu wollen, wozu es noch nicht fähig ist?

Eltern ist vielleicht der hohe Preis nicht klar, den sie für ihre ehrgeizigen Unternehmungen zahlen müssen, die Kindheit zu beschleunigen und sich in natürliches Wachstum einzumischen. Sie bringen vielleicht niemals frühes, mit Stress verbundenes Training mit Problemen in Zusammenhang, die später auftreten: von Schlaf- und Essstörungen bis hin zu nervösem und selbstzerstörerischem Verhalten (Haare ausreissen, an den Nägeln kauen, stottern, nervöse Ticks oder Anorexie); von desinteressierten, gelangweilten und unmotivierten Schülern bis hin zu Schulverweigerern und Drogenabhängigen. Obwohl die Wirkung jeder Umgebung von der Persönlichkeit, Verletzlichkeit und Flexibilität des Kindes abhängt, brauchen manche dieser Kinder an einem bestimmten Punkt vielleicht intensive Psychotherapie. Ich habe aber noch von keinem einzigen Fall gehört, bei dem jemand (als Kind liebevoller Eltern und aus einer durchschnittlich aufgeschlossenen Umgebung kommend) eine Therapie gebraucht hat, weil man ihm als Kind nicht genug beigebracht hat.

Wenn wir an die Tatsache denken, dass ein gesundes, normales Kind in drei Jahren laufen, sprechen, verstehen und kommunizieren lernt, können wir diese Jahre wahrhaft „wunderbare Jahre" nennen. In der übrigen Zeit bauen Kinder auf diesem Grundwissen auf. Warum sollte jemand versuchen, in diese perfekte frühe Entwicklung einzugreifen?

Warum die Eile?

Kinder sind im Laufe der Jahrhunderte immer die machtlosesten Menschen gewesen und waren gezwungen, die Rollen anzunehmen, die man ihnen auferlegte. Unsere „Instant"-Gesellschaft bringt auch gerne „Instant"-Alleswisser hervor. Eltern konkurrieren miteinander darum, wessen Kind etwas zuerst und schneller erreicht ... lesen, zählen, akrobatische Kunststücke usw.

Unglücklicherweise hat sich die Tendenz unserer Zeit während der letzten Jahrzehnte vom Konzept des Bereitseins für etwas zu dem des „Je früher desto besser" verändert. Zu viele sogenannte Experten setzen Eltern unter Druck, ihren Kindern immer früher etwas beizubringen.

Warum die Eile? Verlängert sich die Lebenszeit nicht immer mehr? Haben wir nicht mehr Zeit denn je, in Ruhe zu lernen und uns dabei von unseren eigenen Interessen und unserer Bereitschaft leiten zu lassen?

Immer wieder habe ich Eltern gefragt: „Wie alt waren Sie, als Sie sitzen gelernt haben?" Bisher konnte sich niemand daran erinnern. Was hat man davon, wenn man früh sitzen lernt? Warum hängen so viele Menschen an solchen Konzepten wie „Früher ist besser"? Da unsere Lebenszeit sich verlängert – warum dann nicht langsamer werden? Warum werden Aspekte wie Bereitsein und Motivation kaum erwähnt?

Warum soll früher besser sein? Warum Geld und Energie darauf verwenden, das Unmögliche zu tun? Wer hat etwas davon? Natürlich all die Menschen und Organisationen, die Geld damit verdienen, dass sie Dinge, Ausstattung, „pädagogisches" Spielzeug, Bücher, Kurse usw. an unsichere, ängstliche Eltern verkaufen.

Kinder brauchen keine ängstlichen Eltern oder irgendwelchen Schnickschnack. Sie brauchen Zeit – Zeit, um sich ihrem inneren biologischen Plan entsprechend zu entwickeln.

Wie Sie wissen, leben wir in einer sehr beschleunigten Gesellschaft. Man muss dieses tun, man muss dahin gelangen, dorthin fahren, es herrscht immer eine Eile, Eile und noch mehr Eile und Müssen und immer wieder Müssen. Und sehr oft braucht das, was wir tun, mehr Zeit, mehr Geld, mehr von allem, also wird es nicht leichter. Welchen Preis bezahlen unsere Kinder dafür, dass wir so viel mit ihnen machen, was sie in Wirklichkeit gar nicht brauchen? Warum tun wir das?

Ich habe mein Leben als Erwachsener mit dem Versuch verbracht herauszufinden, warum Eltern und Gesellschaft sich in solch ein Rennen begeben – warum diese Eile? Ich versuche immer weiter, allen Eltern und Lehrern zu vermitteln, welche Freude sie empfinden könnten, wenn sie wahrnehmen, wertschätzen und genießen würden, was das Kind tut. Diese Haltung würde unser pädagogisches Klima verändern: von besorgtem Bemühen zu Freude. Kann jemand den Nutzen für ein Kind bestreiten, wenn man es für das wertschätzt und wenn man sich an dem freut, was es tun kann und was es natürlicherweise tut? Versuchen Sie sich einmal klar zu machen, wie verwirrend es sich für ein kleines Kind anfühlen muss, wenn man es in eine sitzende Haltung bringt, mit Kissen stützt und es auf diese Weise unbeweglich und unsicher macht. „Zu früh, zu viel, zu schnell" bedeutet in Bezug auf die Entwicklung „unangemessen".

Wenn wir Kinder als vollkommen kompetent für die Entwicklungsstufe, auf der sie sich befinden, erkennen und sehen könnten, dann könnten wir viel mehr von ihnen und über sie lernen, als wir ihnen beibringen können. In der Nähe von Kindern zu sein sollte uns daran erinnern, wie es ist, „wirklich", „echt" und „authentisch" zu sein.

Was Kinder brauchen, ist die Gelegenheit und Zeit, die Welt um sie herum in sich aufzunehmen und zu verstehen.

Man kann nicht deutlich genug zum Ausdruck bringen, wie grundlegend und bedeutungsvoll dieses Thema ist.

Absolut sicher!

Um eine Sache führe ich in den USA einen Kampf, und ich kann nicht behaupten, dass ich ihn gewinne, und das ist eine physisch sichere Umgebung für Säuglinge und Kleinkinder.

Ich fühle mich auf meinen Reisen durch verschiedene Städte ermutigt und bin erfreut, wenn ich erfahre, wie viele Menschen etwas über das RIE wissen. Und es ist interessant für mich zu sehen, welche Informationen Eltern, die mit dem RIE verbunden sind, leichter als andere annehmen. Dabei bin ich aber immer wieder überrascht, dass ein sehr wichtiger Teil unseres Ansatzes weder gehört noch verstanden noch in die Praxis umgesetzt wird. Das ist Sicherheit.

Ich halte Sicherheit für die Voraussetzung der Verwirklichung des Ansatzes des RIE. Mit Sicherheit meine ich eine Umgebung, die so vollkommen sicher ist, dass auch ohne jede Aufsicht durch einen Erwachsenen ein Säugling oder Kleinkind vollkommen sicher wäre.

Warum ist es für Eltern so schwierig, für einen solch sicheren Platz zu sorgen?

Eltern erzählen mir manchmal ganz nebenbei, dass sie ihr Baby niemals allein lassen: „Also, ich habe zu Hause keinen ganz sicheren Platz für das Baby, an dem ich es allein lassen könnte." Auf meine Frage: „Nicht einmal um auf die Toilette zu gehen?" antworten sie: „Ich nehme es mit" oder: „Wenn ich mich dusche, dann setzte ich es in eine Wippe, damit ihm nichts passiert". Das bedeutet doppelten Stress: Das Kind wird von den Eltern allein gelassen und es wird daran gehindert, sich frei und sicher zu bewegen. Warum ist es so schwer, Eltern davon zu überzeugen, dass ein sicheres Zimmer mit kleinen Gittern an allen Türen nicht nur dem Kind mehr Freiheit gibt, sondern auch den Eltern?

Wann immer ich an einen Ort eingeladen werde, wo es ein Kind gibt, finde ich fast immer etwas, das physisch unsicher ist. Und ich bekomme fast immer dieselbe Antwort, wenn ich nachfrage: „Es ist noch nie etwas passiert." Und ich sage dann: „In den nächsten fünf Minuten könnte etwas passieren oder vielleicht morgen." Wenn ich Einrichtungen für Kinder besuche und etwas Unsicheres entdecke, sagen die Verantwortlichen: „Da gehen die Kinder nie hin." Meine Antwort lautet immer: „Noch nicht."

Ganz gleich wie oft ich es höre, es macht mir immer noch Angst, wenn Menschen mir versichern, dass sie ihre Kinder niemals ohne Aufsicht lassen. Denn das ist natürlich nicht möglich.

Ein vollkommen sicherer Platz ist ein Muss. Das ist die Basis, auf der der Ansatz von RIE aufbaut.

Ausstattung: was ist wirklich notwendig?

Manchmal behindern Eltern ohne es zu merken die Beweglichkeit oder die Fähigkeit des Kindes, Probleme zu lösen, indem sie Dinge benutzen, von denen manche glauben, Babys bräuchten sie.

Am RIE versuchen wir Eltern darin zu bestärken, nicht dem unglaublichen Bombardement von Sonderangeboten, Werbegeschenken, Broschüren usw. zum Opfer zu fallen, die sie zum Kauf von allem möglichen wunderbar klingenden Schnickschnack verlocken wollen, von dem behauptet wird, es mache Ihr Baby glücklich und zufrieden, stimuliere es und beschleunige zugleich seine Intelligenzentwicklung.

Empfehlungen

Damit Kinder und Eltern friedlich zusammenleben, braucht man keine besonderen Produkte außer einem: Gitter für alle Türen des Kinderzimmers. Ich empfehle sogar schon Paaren, die ein Kind erwarten, an diese Gitter zu denken!

Am Anfang gibt es natürlich andere Dinge, die Sie nützlich finden werden. Kaufen Sie ein kleines Bettchen, einen Wickeltisch, eine Kommode, eine kleine Badewanne und einen geprüften und bewährten Sicherheitssitz für das Auto. (Für Neugeborene mit einem Gewicht bis etwa 8 Kilo gibt es in den USA einen Autositz in der Art eines kleinen Bettchens, in dem das Kind flach liegen kann, den viele unserer RIE-Eltern – und auch ich – am besten finden.)

Einfache Dinge, die Kleinkinder auf vielerlei Weise handhaben können, ohne dabei die Hilfe oder Aufsicht von Erwachsenen zu brauchen, sind die besten Spielsachen und Gegenstände zum Lernen. Ein zweites Bettchen und ein Laufstall für draußen sind eine hervorragende Investition. Wir empfehlen auch einen niedrigen Stuhl und einen passenden Tisch zum Essen, wenn Ihr Kind selbstständig sitzen kann.

Was Sie nicht kaufen sollten

Was Sie nicht brauchen, sind Federsitze, Wippen, Laufhilfen, Hochstühle und andere einschränkende Vorrichtungen.

Beim RIE glauben wir, dass ein Kind in der Lage sein sollte, sich in aller Freiheit zu bewegen und seine Umgebung zu erforschen, seine eigene Körperhaltung zu wählen und zu verändern, zu kommen und zu gehen, wie es möchte – innerhalb der sicheren und anregenden Umgebung, die wir schaffen. Wir raten Ihnen, ein Baby nicht in eine Position zu bringen, in die es nicht selbst gelangen könnte.

Viele haben die Illusion, dass Laufhilfen Kindern helfen, laufen zu lernen. Aber um zu laufen, muss man zwei Dinge tun: einmal muss man in der Lage sein, das eigene Gewicht zu tragen, was in einer Laufhilfe nicht erforderlich ist. Und zweitens muss man lernen, auf einem Fuß zu balancieren. Und wenn man das nicht kann, dann kann man nicht laufen.

Eine Laufhilfe ist wie ein bewegliches Gefängnis, das Babys davon abhält zu tun, was sie natürlicherweise tun würden. Alles, was sie auf natürliche Weise tun, wenn sie sich auf dem Fußboden bewegen, bereitet sie auf das Laufen vor. Babys müssen viele Stadien durchmachen, bevor sie laufen; man muss es ihnen aber nicht beibringen. Kleinkinder, die jede Vorstufe dieses Prozesses des Laufenlernens auf eine natürliche Weise durchlaufen haben, verletzen sich nicht schlimm, wenn sie hinfallen.

Manche Leute sagen, dass sie Babys in Laufhilfen stellen, damit sie „sicher" sind, aber auch in Laufhilfen können Unfälle geschehen. Manche benutzen Laufhilfen oder Schaukeln, damit es ihren Babys „gut geht", aber in Wirklichkeit schalten die Babys einfach ab, und diese „Lösung" ist für die Erwachsenen leichter, weil die Babys dann nicht weinen.

Ich möchte Ihnen auch davon abraten, Ihr Baby in einen Kindersitz zu setzen, außer Sie müssen es im Supermarkt in den Einkaufswagen tun. (Eine bessere Lösung wäre aber, Ihr Baby gar nicht erst dahin mitzunehmen.)

Wenn Sie irgendwohin gehen müssen, dann sind Tragegestelle kleinen Buggys gegenüber vorzuziehen, weil sie den Rücken des Kindes unterstützen. Benutzen Sie sie nur, wenn es nötig ist, und so kurz wie möglich.

Kinder brauchen auch nicht diese „neuen und besseren" Spielsachen, zu deren Kauf die Werbung so sehr drängt. Teure, komplizierte Spielsachen, die man auf eine ganz bestimmte Weise verwenden muss, geben Kindern selten die Möglichkeit sie zu untersuchen und auf ihre eigene

Weise zu benutzen. Spielsachen, die dazu gemacht sind zu unterhalten erzeugen passive Zuschauer, zukünftige Fernsehsüchtige und keine neugierigen, aktiv lernenden Kinder. Denken Sie an die Kinder, die sich verloren fühlen und sich langweilen, wenn sie nicht unterhalten werden, und die dauernd fragen: „Was soll ich jetzt machen?"

Kinder brauchen keine zusätzliche visuelle Stimulierung und Unterhaltung in einem Alter, wenn sie gerade aus dem Mutterleib auf die Welt gekommen und schon allein dadurch einem Bombardement von Stimulation ausgesetzt sind. Sie brauchen vielleicht Monate, um ihr Bettchen kennen zu lernen: Warum man da einen Finger hinausstecken kann und da nicht. Die Welt ist voller Dinge, die Babys erforschen können. Wir behindern ihre Lernerfahrungen, wenn wir ihnen künstliche Dinge geben.

Uns reizte die Vorstellung täglicher Spaziergänge und wir kauften einen Kinderwagen. Obwohl das eine unserer teureren Anschaffungen war, hat er uns bei jedem Wetter fast zwei Jahre lang gut gedient. Ich hatte das Gefühl, dass es die bequemste Art ist, wie ein kleines Kind unterwegs sein kann, denn es kann schlafen oder wach sein, sich ausstrecken und dabei Schutz vor den Elementen finden. Im Kinderwagen war Erin dem Erwachsenen näher (anders als in einem Buggy), und sie konnte mich besser anschauen, sodass wir uns miteinander unterhalten konnten. Dieser Kinderwagen hatte auch eine hochklappbare Rückenlehne, die nützlich wurde, als Erin sich aufsetzen konnte, und in der Mitte einen Gurt, um sie vor dem Rausfallen zu schützen. Wir benutzten den Kinderwagen während der ersten 18 Monate fast jeden Tag und dann noch ein paarmal, bis Erin fast zwei Jahre war und es ihr dann Spass machte, auf unseren Spaziergängen unabhängiger zu sein.

Wünsche für die Zukunft

Ich habe die Vision von einer „sanfteren, freundlicheren" Welt und glaube, dass es auch in unserer zunehmend hektischen Umwelt immer Inseln des Friedens, der Empathie und der Sanftheit geben wird. Ich möchte Ihnen meine besonderen Wünsche für die Zukunft mitteilen.

Wünsche für Säuglinge und Kleinkinder

Ich wünsche mir, dass Kinder ihrem natürlichen Tempo gemäß aufwachsen können: dass sie schlafen, wenn sie müde sind; aufwachen, wenn sie ausgeruht sind; essen, wenn sie hungrig sind; weinen, wenn sie aufgeregt sind; dass sie ihre Gefühle ausdrücken; dass sie spielen und erforschen können, ohne unnötig unterbrochen zu werden – mit anderen Worten, dass ihnen erlaubt wird, so zu wachsen und sich zu entfalten, wie es in jedem Kind angelegt ist.

Ich wünsche mir, dass Kinder ihren Eltern nichts vormachen müssen, dass sie nicht aufgesetzt werden, wenn sie sich erst drehen können, dass man ihnen nicht hilft zu gehen, wenn sie eben erst krabbeln können. In unserer Kultur drängen wir Kinder dazu, diese Stufen schneller zu erreichen, als sie sie natürlich erreichen können.

Ich wünschte, Kinder würden Eltern nicht in ihrer Effektivität bestätigen müssen, das heißt lächeln, wenn sie frustriert sind, oder in die Hände klatschen, wenn sie müde sind. Ich wünschte, Kinder müssten nicht mit einer Haltung der Eltern fertig werden, die besagt: „Wenn mein Kind mich anlächelt, dann zeigt mir das, dass ich eine gute Mutter (oder ein guter Vater) bin."

Ich wünschte, Kinder müssten nicht Pingpongbälle zwischen den Eltern sein. Ich wünschte, Kinder müssten nicht als Versuchskaninchen für Spielzeug- und Müslihersteller und neue Moden und Theorien der Kleinkinderziehung herhalten.

Wünsche für die Eltern

Ich wünschte, Eltern würden sich sicher fühlen, aber dabei nicht rigide sein. Ich wünschte, sie wären akzeptierend, setzten aber auch Grenzen; sie wären erreichbar, aber nicht eindringend.

Ich wünschte mir, Eltern wären geduldig, aber sich selbst treu. Ich wünschte, Eltern könnten zu einem Gleichgewicht finden, wie viel Zeit sie mit ihren Kindern verbringen können und wie viel sie für sich selbst brauchen. Ich wünschte, Eltern könnten einen Zustand von Selbstrespekt erreichen und ihren Kindern gleichen Respekt erweisen. Ich wünschte, Eltern könnten neuen Moden und dem großen Druck widerstehen, komplizierte und teure Produkte zu kaufen, die Babys nicht brauchen.

Ich wünschte, wir könnten alte Vorstellungen von Vaterschaft ablegen, das heißt, dass es nicht männlich sei, warm und sanft zu sein, oder dass Väter hart sein sollten – Kinder in die Luft werfen oder ihnen Zigarettenrauch ins Gesicht blasen. Ich habe tatsächlich gesehen, wie jemand das auf „spielerische" Weise gemacht hat. Grobes Verhalten macht Babys nicht nur Angst, es kann sogar Hirnschäden verursachen. Spielerische Aktivitäten sollten nicht von den Eltern aufgezwungen werden. Ich fänd es gut, wenn Väter keine Angst davor hätten, sie selbst zu sein, zu wissen, dass sie zart und tröstend und ruhig sein können und dabei doch „männlich".

Ich begrüße sehr, dass immer mehr Väter entdecken, wie befriedigend und lohnend die menschliche Beziehung mit ihren Kindern sein kann.

Wünsche für Familien

Ich wünschte, Ärzte hätten genug Zeit, um beobachten zu können, wie ein Baby sich natürlich bewegt, und diese Beobachtungen Eltern mitzuteilen und ihnen zu zeigen, wie kompetent das Baby auf jeder Entwicklungsstufe ist. Das könnte den Eltern dabei helfen wahrzunehmen und wertzuschätzen, was das Baby tun kann, und damit aufzuhören, sich zu sorgen und auf den nächsten Schritt hinzudrängen, für den das Baby vielleicht noch gar nicht bereit.

Ich wünschte, Pflegepersonen könnten Kindern mit voller Aufmerksamkeit zuschauen und wirklich erkennen, was in den Kindern vor sich geht: wie sie reagieren, wann man eingreifen sollte und wann man nicht eingreifen sollte.

Die Pflege von Säuglingen und Kleinkindern sollte so zuverlässig und regelmäßig wie möglich geschehen, mit so viel Kontinuität der Pflegepersonen wie möglich. Ich wünschte, Babys und ihre Eltern müssten nicht so oft getrennt sein. Kleinkinder sollten immer das Gefühl haben, dass sie geliebt werden, weil sie so sind, wie sie sind. Wir brauchen empfindsame Pflegepersonen, die das vermitteln können.

Ich wünschte mir, dass die Menschen, die mit Kindern arbeiten, anerkannt und gut bezahlt würden – nicht überbezahlt, weil diese Arbeit nicht von Menschen getan werden sollte, die sie nur für Geld machen. „Educaring" sollte von sehr fähigen Menschen praktiziert werden, die auch ein gutes Einkommen haben.

Und wissen Sie, was ich mir vor allem wünsche? Daß wir alle das Lachen nicht vergessen – dass wir bei allem Schmerz, den wir vielleicht um uns herum sehen und empfinden, unseren Humor behalten. Es ist schrecklich mit Menschen zu leben, die das Leben zu ernst nehmen.

Liebe

Jahrelang habe ich in Elterngruppen die Frage gestellt: „Was brauchen Kinder außer Nahrung, Ruhe, Wärme, Hygiene usw.?" Die einmütige Antwort lautete: „Liebe." Aber was ist Liebe?

Statt zu versuchen, Liebe theoretisch zu erklären oder zu analysieren, möchte ich Ihnen von meinen eigenen Erfahrungen erzählen, wie es sich anfühlt geliebt zu werden und wie es sich anfühlt zu lieben. Liebe bewirkt, dass ich mich gut fühle, sie öffnet mich, sie gibt mir Stärke. Ich fühle mich weniger verletzlich, einsam, hilflos, verwirrt. Ich fühle mich aufrichtiger, reicher. Sie erfüllt mich mit Hoffnung, Vertrauen, kreativer Energie. Sie füllt mich mit neuer Energie und bereitet mich darauf vor, mich dem Leben zu stellen.

Wie nehme ich den anderen Menschen wahr, der mir diese Gefühle entgegenbringt? Ich sehe ihn als aufrichtig, als jemanden, der mich als die sieht und akzeptiert, die ich wirklich bin, der auf mich objektiv reagiert, ohne zu kritisch zu sein. Ich respektiere seine Authentizität und Werte und er respektiert meine. Er ist jemand, der für mich erreichbar ist, wenn er gebraucht wird, der zuhört und mich hört, der schaut und mich sieht, der sich auf aufrichtige Weise mitteilt. Kurz, ich nehme jemanden, der mich liebt, der mir diese Gefühle vermittelt, als jemanden wahr, dem ich wichtig bin.

In keiner anderen Liebesbeziehung ist dieses Gefühl, jemandem wichtig zu sein, so entscheidend wie in der Eltern-Kind-Beziehung. Diese Beziehung ist zuerst einseitig. Es sind die Eltern, die geben. Das Kind lernt erst mit der Zeit, auch zu geben.

Es gibt viele Definitionen von Liebe. Ich empfehle Eltern das Buch *Die Kunst des Liebens* von Erich Fromm, der Liebe als Hinwendung, als Respektieren, als Übernehmen von Verantwortung für den anderen Menschen und als Erkennen des anderen Menschen definiert. Wenn man Liebe so definiert, schreibt man der Liebe keine schädlichen Handlungen zu. Zum Beispiel wird in Shakespeares *Othello* Desdemona von ihrem Ehemann ermordet, der dazu sagt: „Ich töte dich und liebe dich weiter." Aber ist das wahre Liebe?

Liebe zeigen

Wenn einem jemand wichtig ist, setzt man Liebe in Handeln um. Durch die Art und Weise, wie wir uns um unsere Babys kümmern, erfahren sie unsere Liebe.

Wie und wann nehmen Sie Ihr Baby hoch? Wenn Sie zum Beispiel in Eile sind, nehmen Sie es dann ohne Vorwarnung einfach hoch oder setzen Sie es einfach so ab? Reagieren Sie auf die Bedürfnisse Ihres Babys oder auf Ihre eigenen?

Wann lächeln Sie Ihr Baby an? Wenn Ihr Baby das Erschrecken ausdrücken könnte, das es empfindet, wenn es in das lächelnde Gesicht seiner Mutter schaut, während es in eine unbequeme Position aufgerichtet wird, dann könnte es sich so anhören: „Mama, warum lächelst du mich an, wenn ich mich so unwohl fühle?"

Wie sprechen Sie mit Ihrem Kind? Sagen Sie ihm gerade dann: „Ich liebe dich", wenn Sie am Ende Ihrer Geduld sind und eigentlich fühlen: „Ich wünschte, ich hätte nie ein Baby gehabt"? Wenn das, was Sie sagen, nicht mit dem übereinstimmt, was sie fühlen, dann bekommt Ihr Baby eine doppelte Botschaft. Statt eine Bestätigung Ihrer Liebe zu empfinden, fühlt es sich eher verwirrt.

In welchen Momenten umarmen und küssen Sie Ihr Kind? Fällt es Ihnen gerade dann, wenn sie von einer Party nach Hause kommen, ein, Ihr friedlich schlafendes Kind anzufassen und zu küssen und wecken Sie es damit auf? Obwohl das ein „Akt der Liebe" ist, dient das dann Ihren Bedürfnissen, nicht denen des Babys.

Ertragen Sie es, wenn Ihr Kind weint? Es scheint viel leichter zu sein, etwas gegen das Weinen zu tun: das Baby hochzunehmen, mit ihm auf und ab zu gehen, eine Spazierfahrt zu machen, es zu streicheln oder es zu wiegen. Wenn das Baby weint, sollte der erste Schritt sein, dass Sie versuchen herauszufinden, warum es weint, statt dass Sie versuchen, es dazu zu bringen, mit dem Weinen aufzuhören. Wenn Sie Hunger und die anderen üblichen Ursachen für Unwohlsein ausgeschlossen haben und das Baby immer noch weint, dann ist es an der Zeit, das Weinen zu ertragen, und sogar das Recht des Kindes auf Weinen zu respektieren. Sie möchten vielleicht sagen: „Ich bin da, um dir zu helfen, aber ich weiß nicht, was du brauchst. Zeigst du es mir?" Wenn das Ihr Gefühl ist, dann teilen Sie es mit. Das ist der Anfang der Kommunikation.

Wie setzen Sie einem Säugling oder Kleinkind Grenzen? Manche Eltern haben die Angst, das das Kind es als lieblos empfindet, wenn sie ihm Grenzen setzen oder wenn sie anderer Meinung sind. Doch manchmal ist es im Interesse des Kindes, wenn Sie ihm eine Grenze setzen, und deshalb ein Akt der Liebe. Auch wenn das Kind vielleicht protestiert, wissen Sie, dass Sie das, was Sie tun, um des Kindes willen tun. Das deutlichste Beispiel ist der Kindersitz für das Auto: auch wenn es sich dagegen wehrt, dass man es anschnallt, lassen Sie sich nicht davon abhalten, weil Sie wissen, dass es ihm Sicherheit gibt.

Erlauben Sie Ihrem Kind, ein bestimmtes Maß an Frustration zu erfahren? Es ist für Eltern schwer zu lernen, dass sie ihr Kind nicht vor allen Schmerzen und vor jeder Frustration bewahren können. Doch die beste Weise, wie jemand Frustrationstoleranz entwickeln kann, ist, indem er sie in kleinen, handhabbaren Dosen erfährt und mit ihr umgeht.

Auf welche Weisen erlauben Sie Ihrem Kleinkind, frei zu erforschen und sich zu entscheiden? Manche Art Liebe zu zeigen kann ein Kind davon abhalten, sich selbst zu entscheiden oder loszuziehen und die Welt zu erforschen. Halten Sie Ihr Kind zum Beispiel so auf Ihrem Schoß, dass es losziehen kann, wenn es zu erkennen gibt, dass es soweit ist, oder halten Sie es fest? Wenn man ein Kind hält, kann das ein Kind von freiem Erforschen zurückhalten und es passiv und übermäßig abhängig machen. Liebe zeigen heißt eher, anwesend und erreichbar, aber nicht aufdringlich zu sein.

Sagen Sie Ihrem Kind, was Sie wirklich fühlen? Wie verwirrend ist es für ein Kind, Eltern zu haben, die so tun, als seien sie immer liebevolle, immer fröhliche Menschen. Wenn Sie auszudrücken lernen, wie Sie sich fühlen (müde, ruhig, aufgeregt, freudig, wütend usw.), werden Sie selbst authentisch und erlauben Ihrem Kind, authentisch aufzuwachsen.

Liebe Eltern, wir stimmen alle darin überein, dass Kinder Liebe brauchen. Die meisten Menschen assoziieren elterliche Liebe mit den leichten Lösungen wie Halten, Stillen und Schmusen. Was viel schwieriger ist, ist das Gleichgewicht zwischen Festhalten und Loslassen zu finden. Es ist ein lebenslanger Kampf und vielleicht das Schwerste am Elternsein.

Berichte von

RIE-Eltern

42

Was ist am RIE anders?

Ein Kind nach dem Ansatz des RIE aufzuziehen war eine glückliche, erfüllende Erfahrung, aber ist das wirklich so entscheidend? Kinder scheinen sich an ihre Lebensumstände anzupassen und zu überleben, egal wie sie aufgezogen werden, solange es mit Liebe geschieht. Könnte ich auf einem Spielplatz voller Kinder erkennen, welche Kinder „RIE-Babys" sind und welche nicht? Wenn man in Betracht zieht, in wie vielen Einzelheiten wir uns in unserer Entwicklung und in unserer Persönlichkeit voneinander unterscheiden, ist es schwierig, alles RIE zuzuschreiben, aber ich habe ein paar Beobachtungen gemacht und habe meine Erfahrung.

Wenn man als Eltern dem Ansatz des RIE folgt, kann ein Kind auf eine viel ruhigere und sanftere Weise aufwachsen. Nachdem ich seit eineinhalb Jahren an RIE-Gruppen teilnehme, stelle ich fest, dass ich nicht mehr viele Kämpfe mit meinem Sohn habe, denn unsere Welt ist nicht auf Konflikt programmiert.

Ein Grundsatz des RIE lautet: „Tue weniger – freue dich mehr!" Das versuche ich im Bewusstsein zu halten. Ich kann mein Kind die Welt auf eigene Faust erforschen und sich in seinem eigenen Tempo entwickeln lassen. Ich brauche ihm nicht alles beizubringen, es auf jeder Stufe der Entwicklung zu stimulieren oder davon auszugehen, dass ich immer die beste und richtige Art und Weise kenne, wie man etwas tun sollte. Ich versuche, es seine Probleme selbst lösen zu lassen und eine Umgebung zur Verfügung zu stellen, in der es experimentieren, entdecken und schöpferisch sein kann.

Mein Sohn hat gelernt, sich in seinen eigenen Aktivitäten zu engagieren und nicht von jemand oder etwas anderem abhängig zu sein. Er ist in der Lage, auch längere Zeit allein oder mit Freunden zu spielen. Zu den Mahlzeiten sitze ich bei ihm, wenn er an seinem eigenen kleinen Tisch sitzt und selbstständig isst. Er hat wenig Interesse an Fernsehen, an Videofilmen und an anderen Aktivitäten, bei denen er nur passiver Teilnehmer ist. Er ist lieber selbst aktiv. Er hat eine sehr gute Haltung und graziöse, kraftvolle Bewegungen, was ich auf den Ansatz des RIE zurückführe.

Ich bemühe mich, ein ruhiges Zuhause zu schaffen, wo er sich sicher und unterstützt fühlt. Ich freue mich an der intimen Interaktion, die wir bei den kleinen praktischen Dingen des Alltags haben. Außerdem bin ich sehr dankbar, mit meinem Mann eine gemeinsame, zentrierende Philosophie zu haben. Wir haben eine Philosophie und eine Strategie, die bisher funktioniert haben.

Ich kann RIE-Eltern nicht immer erkennen, nein, aber es sind auf dem Spielplatz gewöhnlich diejenigen, die nicht in das Spiel ihres Kindes eingreifen; die gelassen und weniger angestrengt aussehen; diejenigen, die vorher ankündigen, wenn es Zeit ist, nach Hause zu gehen, und diejenigen, deren Kinder helfen, die Spielsachen einzusammeln und dann ohne großes Theater gehen.

43

Eine Familie, ein Samstag

Eines Samstags erwarteten wir Freunde zum Abendessen. Unser Auto musste dringend repariert werden, das Haus musste geputzt werden, Wäsche musste gewaschen werden und das Essen musste um sieben Uhr fertig sein.

Unser Tag verlief etwa so:

8.00 Uhr. *Corina wachte auf, spielte allein und machte Laute in ihrem Bettchen. Wir konnten hören, wie sie sich wälzte und umdrehte. Unser Wecker hatte noch nicht geklingelt.*

8.30 Uhr. *Wir standen auf. Corina hörte das und fing an, lautere Töne von sich zu geben. Ich begrüßte sie und fragte sie, ob sie hochgenommen werden wollte. Sie streckte mir ihre Arme und Beine entgegen. Ich nahm sie hoch und sie fing an, an meiner Schulter zu saugen und mir damit zu zeigen, dass sie hungrig war. Ich stillte sie und war dabei mit meiner Aufmerksamkeit ganz bei ihr.*

9.10 Uhr. *Corinas Windel musste gewechselt werden, deshalb gingen wir unser gemeinsames Vorhaben an. „Corina, wir müssen deine Windel wechseln. Bist du soweit?" Sie antwortete, indem sie mir mit ihren Armen und Beinen entgegenwedelte. Ich nahm sie dann hoch und sagte ihr: „Ich lege dich jetzt auf den Tisch." „Jetzt habe ich deine nasse Windel aufgemacht", sagte ich ihr, während ich die Windel abnahm. Sie schaute und wartete. „Ich ziehe dir jetzt eine trockene Windel an. Kannst du deine Beine herunternehmen?" Ein paar Sekunden später nahm sie ihre Beine runter. „Jetzt sind wir fertig. Ich nehme dich jetzt herunter."*

9.15 Uhr. *Ich saß bei ihr auf dem Boden in ihrem Zimmer und sah ihr beim Spielen zu. Ab und zu sah sie mich an. Etwa 10 Minuten später sagte ich ihr, ich ginge jetzt in die Küche und würde mit*

Papa frühstücken. Wir frühstückten, dann fing ich an, die Wäsche in der Küche zu sortieren, während ihr Vater sich daran machte, das Auto zu reparieren, nachdem er Corina gesagt hatte, er wäre jetzt eine Weile draußen.

9.45 Uhr. Ich hörte ein paar klagende Töne. „Corina, ich habe dich gehört. Was möchtest du?" Ich setzte mich auf den Boden und roch, dass ihre Windel gewechselt werden musste. „Oh, anscheinend willst du mir sagen, dass du eine neue Windel brauchst. Ich nehme dich jetzt hoch." Ich wechselte ohne Eile ihre Windel. Als ich ihr Zimmer verliess, sagte ich ihr, ich würde jetzt die Wäsche waschen und wäre in der Küche.

10.15 Uhr. Ich füllte die Wäsche in die Waschmaschine und staubsaugte das Wohnzimmer. Etwa eine halbe Stunde später hörte ich ein paar klagende Laute von Corina. Während ich lauschte, veränderten sich die Tönen von klagenden zu zufriedenen und ich machte mit meiner Arbeit weiter.

10.55 Uhr. Als ich an Corinas Zimmer vorbeiging, sah ich sie in einer sitzenden Haltung und ihre Balance war sehr wacklig und unsicher. Ich sagte zu ihr: „Oh, es sieht aus, als hingest du fest, und kannst dich allein nicht bewegen. Ich helfe dir ein bisschen." Ich nahm ihren Po hoch und wartete, dass sie ihre Beine herausziehen konnte. „Schau, du hast dich selbst befreit." Sie jammerte immer noch ein bisschen, deshalb fragte ich sie, ob sie hochgenommen werden wollte. Sie bewegte sich ein bisschen in meine Richtung, und ich nahm sie hoch. Wir saßen ein paar Minuten auf dem Boden, dann wand sie sich in meinem Arm und wollte wieder auf den Boden. Sie krabbelte quer durch das Zimmer, nahm ihre glänzende Schale und griff sich die Messlöffel. Ich sagte ihr, dass ich in ein paar Minuten wieder in die Küche gehen würde, um die Wäsche fertig zu machen.

11.15 Uhr. Ich war gerade mit dem Staubsaugen fertig, als der Trockner anfing. Kurz darauf fing Corina an zu jammern, deshalb brachte ich die Kleidungsstücke, die ich zusammenlegen musste, dahin, wo sie mich sehen konnte. Während ich die Kleider zusammenlegte, erklärte ich ihr, was jedes Teil war und wem es gehörte. Ich legte die ganze Trommelladung zusammen und als ich gerade das letzte Stück faltete, wollte sie hochgenommen werden. „Corina, ich mache dies noch fertig und dann nehme ich dich sofort hoch", sagte ich ihr. Sie antwortete, indem sie ruhig wartete. Ich hielt mein Versprechen und schenkte ihr dann meine ganze Aufmerksamkeit, als ich sie stillte.

12–14.30 Uhr. Corina hielt einen Mittagsschlaf.

14.35 Uhr. Sie wachte auf und kuschelte sich eine Weile an meine Schulter. Ein paar Minuten später wurde sie ganz lebendig und wollte auf den Boden. Ich legte sie auf ihren Rücken und sie drehte sich sogleich auf den Bauch und griff nach dem Spielzeugauto. Dann ergriff Sie ihr Halstuch. Ein paar Minuten später ging ich, nachdem ich ihr gesagt hatte, ich würde jetzt in der Küche kochen.

15.00 Uhr. Sie fing an zu weinen, also blieb ich bei ihr in ihrem Zimmer. Sie spielte und sah mich an. Ein paar Minuten später fing sie wieder an zu weinen. Ich sah nach ihrer Kleidung und ihrer Windel, aber stellte fest, dass sie keine neue Windel brauchte. Als sie anfing laut zu weinen, obwohl ich sie im Arm hielt, bemerkte ich, dass sie hungrig war. „Oh, jetzt weiß ich, was du möchtest. Ich füttere dich sofort." Als sie satt war, gingen wir vor das Haus in den Vorgarten.

15.30 Uhr. Ich legte sie auf die Matte. Sie schaute zuerst nach den Blättern, den Bäumen, lauschte auf die Vögel und drehte sich dann um, als ein Auto vorbeifuhr. Corina beschloss dann, auf Abenteuersuche zu gehen und bewegte sich von der Matte hinunter in das Gras. Eine ganze Weile lang berührte sie es nur immer wieder. Als sie weiterkrabbelte, kam sie am unteren Teil des Rasens nicht mehr weiter. Sie weinte. Ich ging zu ihr hinunter auf den Rasen. „Corina, du kommst nicht weiter. Ich weiß, es ist schwierig von dort, wo du bist, bergauf zu krabbeln." Sie sah mich an und klagte weiter. „Brauchst du Hilfe?", fragte ich. Sie reagierte nicht, aber versuchte sich den Hang hinauf zu bewegen. Als sie schließlich oben war, lächelte sie. Wir lächelten beide, denn sie hatte es allein geschafft, diese neue Aufgabe zu meistern.

4.30 Uhr. Ihr Vater löste mich eine Weile ab, während ich mit dem Kochen anfing. Corina spielte im Wohnzimmer, während er in Zeitschriften las. Als sie anfing zu jammern, ging er ohne Eile zu ihr und fragte sie, was sie wollte. Als er sie hochnahm, konnte ich ihn sagen hören: „Oh, du möchtest ein bisschen Aufmerksamkeit, hm?"

Was ein schwieriger und hektischer Tag hätte werden können, entwickelte sich entspannt und produktiv. Wenn wir so mit Corina umgehen, schenken wir ihr unsere volle Aufmerksamkeit, und durch die Art und Weise, wie sie Kompetenz und Selbstvertrauen ausstrahlt, macht sie diese Zeit auch für uns kostbar.

RIE wertschätzen

Die Entdeckung des RIE ist eines der wenigen Dinge, von denen ich sagen kann, dass sie mein Leben verändert haben.

Ich kam zum RIE als eine nervöse, überbemühte und unter Schlafmangel leidende Mutter eines neunmonatigen Kindes. Ich strengte mich so sehr an, alles richtig und möglichst perfekt zu machen, dass ich keine Vorstellung davon hatte, wie ich mein eigenes Kind kennen lernen könnte, was es wirklich brauchte und wie ich anfangen könnte, ihm dies zu geben. In meinem Bemühen eine perfekte Mutter zu sein, versagte ich kläglich und fühlte mich mit jedem Tag verzweifelter und unfähiger.

Mit anderen Müttern zu sprechen half mir wenig. Den meisten ging es nicht anders als mir, was ich zwar tröstlich fand, was mir aber nicht half, irgendwelche Hinweise darauf zu finden, was ich falsch machte. Ich las Bücher, ich schaute mir „Experten" für Kindererziehung im Fernsehen an, ich studierte ein paar Mütter, die ich kannte – gewöhnlich die, die ein zweites Kind hatten und die alles irgendwie mehr im Griff zu haben schienen und auf jeden Fall weniger aufgeregt waren als ich. Ich stellte eine Menge Fragen und versuchte vergeblich herauszufinden, was es war, was sie wußten und ich nicht. Ich hörte Allgemeines wie: „Folge deinem Instinkt." Schön und gut, das war genau das, was ich tat, und es brachte mich nicht weiter. „du musst einen Zeitplan haben." Toll, aber wie bringe ich das dem Kind jetzt bei? Oder: „Lass ihn einfach weinen." Ich versuchte das – nach 70 Minuten Schreien gab ich auf.

Dann entdeckte ich das RIE und traf Magda. Als ich zum ersten Mal dort zu Besuch war, begegnete ich einer Ruhe und einem Verständnis, die mir das Gefühl vermittelten: „Dieser Platz ist anders." Es gibt keine kurze Liste hilfreicher Tips, keine schnelle Lösung, keine leichte Antwort. Das war eine Erleichterung. Ich fühlte mich immer so unfähig, wenn der Rat, den mir jemand gab, keine Wirkung hatte. Es hörte sich immer so einfach und leicht an, dass ich das Problem sein musste oder mein Baby. Wir schafften es einfach nicht.

Magdas Philosophie fing langsam an, sich mir zu enthüllen. Subtile Veränderungen begannen sich in meiner Beziehung zu meinem Baby zu zeigen. Ich war in der Lage, Max für einen Teil des Tages an etwas wie einen Zeitplan zu gewöhnen, und er fing an die Nacht durchzuschlafen.

Nein, eigentlich, war es nicht er – ich war es. Ich lernte, dass es meine Verantwortung war, mich an eine regelmäßige Essens- und Badezeit zu halten. Es lag nicht an Max. Ich hatte Angst davor gehabt, eine Regel einzuführen, weil ich dachte, er müsse entscheiden, wann er essen wollte. Ich verstand jetzt, dass es meine Aufgabe war, eine passende Zeit zum Essen herauszufinden und für das Essen zu sorgen. Es lag dann bei Max, etwas zu essen oder nicht. Ich fing an, sein Weinen als einen berechtigten Ausdruck seines Unwohlseins oder seines Ärgers zu sehen und nicht als Kritik meiner Art und Weise, Mutter zu sein. Ich musste nicht und sollte auch nicht dafür verantwortlich sein, alles zu jedem Zeitpunkt für ihn angenehm zu machen. Ich konnte ihm erlauben wütend zu sein und ihn dabei unterstützen, seine eigene Weise herauszufinden, wie er mit etwas fertig werden wollte, ohne dabei das Gefühl zu haben, dass ich als Mutter irgendwie versagte. Ich fing an, etwas zu fühlen, was ich bisher nicht gefühlt hatte: dass ich wusste, wie ich für mein Baby sorgen sollte. Als ich weniger tat, fing ich an, das Gefühl zu bekommen, dass ich als Mutter wirklich kompetent war. Ich begann ein Verständnis dafür zu bekommen, was Respekt für das Baby bedeutet. Es bedeutet nicht, es zu bedienen oder die Verantwortung für seine Pflege abzugeben; es bedeutet für es zu sorgen und ihm zu erlauben mitzuentscheiden und zu lernen, darauf zu hören, wie es seine Bedürfnisse mitteilt.

Magda und das RIE haben mich erkennen lassen, dass jeder Augenblick mit meinem Kind wichtig ist, nicht nur die sogenannten „bedeutsamen Momente". Ja, der erste Schritt eines Kindes ist ein spannender Moment, aber wie viel mehr, wenn wir gelernt haben, all die komplizierten Vorgänge wertzuschätzen, die sich ständig verändern und die zu diesem Schritt geführt haben.

Jetzt, als ziemlich gut organisierte, beinahe ausgeruhte, gelegentlich sogar entspannte Mutter von Max, der jetzt dreieinhalb ist, und von der zwei Jahre alten Molly, schaue ich auf die verwirrte und auf-

gelöste Mutter zurück, die ich war, als ich vor drei Jahren zum RIE kam. Und ich bin Magda und der Philosophie des RIE zutiefst dankbar dafür, dass sie mir die Fähigkeit vermittelt haben, mich an meinen Kindern und an meinem Leben zu freuen. Ich habe so viel an Vertrauen und Verständnis gewonnen, und ich weiß, dass meine Kinder ihr Leben lang den Gewinn davon ernten werden.

Wir alle sind dir dafür dankbar, Magda.

Anhang

Educaring – ein paar Beispiele

Um den Unterschied zwischen nach den Prinzipien des RIE ausgebildeten sogenannten „Educarern" und anderen Pflegepersonen zu unterstrei-
chen, zu Hause wie in anderen Situationen, hier ein paar Beispiele:

Fähigkeiten der Kleinkinder

- Während viele Pflegepersonen sich allein auf Curricula für Kleinkinder, Bücher und vorgefertigte Programme als Anleitung zum
  Lehren und zum Beschleunigen neuer Fertigkeiten in den Berei-
  chen der Bewegungsentwicklung, der sozial-emotionalen Entwicklung und der Sprachentwicklung verlassen, vertrauen Educarer
  den Fähigkeiten der Kinder, ihre eigenen Aktivitäten zu initiieren,
  unter den verfügbaren Objekten zu wählen und an ihren eigenen
  Vorhaben ohne Unterbrechung zu arbeiten.

Freie Bewegung und freies Erforschen

- Während andere Erzieher kleine Kinder vielleicht auf den Bauch
  legen, legen Educarer sehr kleine Babys auf den Rücken, wo sie
  besser hören, sehen und leichter atmen können und in einer Position sind, die größte Beweglichkeit und größte Stabilität erlaubt.
- Während andere Erzieher den Kindern Haltungen und Fortbewe-
  gungsarten beibringen und fördern, die die Kinder noch nicht von
  allein beherrschen und so freies Bewegen und Erforschen behindern und manchmal sogar körperliches Unwohlsein bewirken,
  stellen Educarer angemessenen Raum zu Verfügung, in dem die
  Kinder ihre eigenen Bewegungen ohne Eingreifen frei initiieren

können, und helfen ihnen so, sich wohl, kompetent und autonom zu fühlen.

Sensibles Zuschauen

- Während andere sich darauf konzentrieren, Reaktionen auf ihre Stimulation hervorzurufen, geht es Educarern darum, das ganze Kind, seine Reaktion auf eine Pflegeperson, auf die Umwelt und auf Gleichaltrige wahrzunehmen und so etwas über die Persönlichkeit und die Bedürfnisse des Kindes zu erfahren. Kinder finden überall Stimulation.

Ankündigen

- Während andere ein Kind vielleicht unerwartet von hinten einfach hochnehmen und es auf diese Weise erschrecken, es aus etwas herausreißen und dadurch Widerstand erzeugen, kündigen Educarer immer vorher an, wenn sie etwas mit dem Kind tun wollen, und laden es von daher eher zur Kooperation ein.

Unabhängigkeit fördern

- Während andere Erzieher Objekte oder Spielsachen aussuchen und dem Kind in die Hand geben, platzieren Educarer sie so, dass das Kind sie aus eigener Initiative erreichen und greifen kann. Das Kind arbeitet sich zu dem hin, was es möchte.
- Während andere Abhängigkeit fördern, indem sie eine aktive Rolle einnehmen, zum Beispiel weinende Kinder sofort „retten" oder ihre Probleme für sie lösen, warten Educarer ein bisschen, um zu sehen, ob die Kinder in der Lage sind, sich selbst zu trösten und ihre eigenen Lösungen zu finden, und fördern so ihre Autonomie.

Authentizität

- Während andere Erzieher oft Flaschen und/oder einen Schnuller verwenden, um ein weinendes Baby zu beruhigen und so ein falsches orales Bedürfnis nach Nahrung oder Saugen erzeugen, akzeptieren Educarer das Recht eines Kindes, sowohl positive als auch negative Gefühle auszudrücken. Educarer versuchen nicht, das Weinen zu beenden, sondern eher, die wirklichen Bedürfnisse des Kindes zu verstehen, wie etwa Schlaf, Hunger, Schutz vor Kälte, und für sie zu sorgen. Wenn das Kind sich selbst mit Daumenlutschen beruhigt, dann akzeptieren Educarer das als eine positive, selbstregulierende Aktivität.

Interaktionen zwischen Kindern

- Während andere Erzieher die Interaktionen zwischen Kindern (zum Beispiel sich gegenseitig zu berühren) oft aus Angst einschränken, sie könnten sich verletzen, begleiten Educarer solche Interaktionen, indem sie genau zuschauen, damit sie wissen, wann sie eingreifen müssen und wann nicht.
- Während andere in einer Konfliktsituation zwischen Kindern das Problem lösen, indem sie die Kinder trennen, sie ablenken oder entscheiden, wer das Spielzeug oder den Gegenstand, um den es geht, haben sollte, begleiten Educarer mit unparteiischen Kommentaren wie: „Ihr beide wollt also das Spielzeug, du, John, und du, Anne." Oft lösen sich nach solchen Kommentaren kleinere Konflikte von selbst.
- Während andere vielleicht aggressiv werden, wenn sie mit einem aggressiven Kind umgehen müssen und dabei das aggressive Verhalten verstärken, geben Educarer ein Beispiel für angemessenes Verhalten, indem sie das aggressive Kind berühren und zum Beispiel ruhig sagen: „Langsam, ruhig ... gut."
- Während andere vielleicht herbeieilen, um das „Opfer" des aggressiv reagierenden Kindes hochzunehmen, zu retten und zu trösten, hocken sich Educarer hin, berühren und streicheln das „Opfer" und wenden sich ihm zu. Indem sie sich mit Streicheln und Worten sowohl dem „Opfer" als auch dem aggressiven Kind zuwenden, gehen Educarer auf beide Kinder ein, trösten beide und verstärken so nicht das Muster einer Opferrolle.

Individuelle Kinderpflege

- Während andere Erzieher gerne mehr Menschen oder Helfer in der Nähe haben, möchten Educarer eine feste Bezugsperson für ihre eigene kleine Gruppe von etwa vier Kindern sein.

- Während andere vielleicht dadurch erschöpft werden, dass sie ein Kind nach dem anderen hochnehmen und wieder absetzen, als müssten sie ein Feuer nach dem anderen löschen, schauen Educarer ruhig zu und können das „Feuer" oft vermeiden.

Sowohl Educarer als auch Pflegepersonen mit einer anderen Ausbildung lieben das Kind, aber wie all diese Beispiel belegen, ist das, was Educarer von anderen unterscheidet, dass sie ihre Liebe ausdrücken, indem sie Respekt zeigen und vermitteln.

Reflexionen über
meine Arbeit mit Dr. Pikler

„Wenn nur ein paar Kinder von diesem Buch profitieren, hat es sich gelohnt, es zu schreiben." Obwohl diese Worte deutlich mein eigenes Gefühl diesem Buch gegenüber *Dein Baby zeigt Dir den Weg* wiedergeben, wurden sie von Dr. Emmi Pikler in ihrem ersten Buch für Eltern im Jahr 1946 geschrieben.

Viele Gedanken, die wir am RIE lehren, beruhen auf Dr. Piklers Forschung und klinischer Arbeit mit Kindern in Budapest, Ungarn. Ich hatte das große Glück, sie fast ein halbes Jahrhundert als Ärztin, als Lehrerin und als Freundin zu kennen.

Wer war Dr. Pikler? In vielen Ländern würde man sie nicht erst vorstellen müssen. Sie und ihre Leistungen sind dort sehr bekannt.

Als ich Dr. Pikler traf, erschienen mir ihre Ideen so natürlich, sinnvoll und einfach. Es fing alles an, als sie meinen regulären Kinderarzt vertrat. Wie sie mit meiner vierjährigen Tochter sprach und wie sie mit ihr umging, war so ungewöhnlich respektvoll, dass ich das Gefühl hatte, das war die Antwort auf all meine Fragen und Zweifel, die ich seit der Geburt meines ersten Kindes hatte.

Später hatte ich das Privileg, bei ihr am Nationalen Methodologischen Institut für Kinderpflege und Erziehung (wie es damals hieß – oft nach der Straße, an der es liegt, einfach „Lóczy" genannt) zu studieren und mit ihr zu arbeiten. Nach ihrem Tod im Jahr 1984 wurde es ihr zu Ehren in „Nationales Methodologisches Emmi Pikler Institut für stationäre Kinderpflege" umbenannt.

Dr. Piklers Einfluss auf mich war so tief und weitreichend, dass ich mich entschloss, das Studium und die Pflege kleiner Kinder zu meiner Lebensaufgabe zu machen.

Pikler-Babys

Dr. Pikler entwickelte ihren ungewöhnlichen Ansatz der Kinderpflege mit ihrer eigenen Tochter und als private Kinderärztin für ein paar ausgewählte Familien in Budapest. Sie machte wöchentlich Besuche bei diesen Familien und verbrachte Stunden damit, die wechselseitige Anpassung von Kind und Familie zu beobachten und zu begleiten. Man sagte, wenn man in den Park ging und den Kindern beim Spielen zuschaute, konnte man leicht erkennen, welche die „Pikler-Babys" waren. Diese wirkten gesammelt und graziös, wach und freundlich, voller Selbstvertrauen und weniger abhängig.

Im Jahr 1946 wandte sie dieselbe Philosophie auf ein Programm für Waisenkinder im Lóczy an, in dem sie leitende medizinische Direktorin war. Obwohl sie in einem stationären Setting ohne ihre Eltern aufgewachsen waren, zeigten die „Lóczy-Babys" dieselben Grundcharakteristika wie die „Pikler-Babys", die in einer Familie aufgewachsen waren.

Pikler-Babys wachsen unter natürlichen Bedingungen auf. Sie entwickeln sich alle ohne Einmischung in ihrem eigenen, natürlichen Tempo. Niemand macht sich über den Zeitpunkt der „Meilensteine" Sorgen. Niemand bringt sie in eine sitzende Haltung, bevor sie so weit sind, sich von allein aufzusetzen. Niemand versucht, ihnen das Stehen oder das Laufen beizubringen. Keine Rasseln oder anderen Gegenstände werden ihnen in die Hand gegeben. Nicht einmal ein Schnuller gibt man ihnen in den Mund. Sind sie allein gelassen? Vernachlässigt? Unbeachtet? Nein, überhaupt nicht. Ihr tägliches Leben gibt ihnen eine Menge natürlicher Stimulation, die sie interessiert. Gut ausgewählte Objekte sind für die Kinder zugänglich, auf die sie klettern, die sie anschauen, berühren und handhaben können. Und es gibt eine Menge Platz – Raum, in dem sie sich frei bewegen und den sie erforschen können. Aber das Kind entscheidet selbst, wie es sich bewegen und wie es spielen möchte.

Im Lóczy haben die Kinder die Freiheit, in einer sorgfältig strukturierten Umgebung zu tun, was sie möchten. Die Pflegerinnen im Lóczy müssen sich für drei Jahre verpflichten, und man erwartet von ihnen, dass sie mit den Kindern in ihrer Gruppe eng vertraut werden. Dr. Pikler glaubte (und die Forschung hat das bestätigt), dass Kinder, die in einer Institution leben, Sicherheit aus der Zuverlässigkeit, der Beständigkeit und dem gleich bleibenden Ablauf gewinnen: der Zeit zu schlafen, Zeit zu essen, Zeit draußen zu sein, drinnen zu forschen. Innerhalb dieses verläßlichen Rhythmus des täglichen Lebens, haben die Kinder Zeit für ununterbrochene erforschende Spielaktivitäten, und die Bezugspersonen haben Zeit, jedem der Kinder, während sie es versorgen, persönliche, liebevolle Aufmerksamkeit zu schenken. Auch das kleinste Kind wird als ein aktives, teilnehmendes Individuum, das Respekt verdient, betrachtet, behandelt und angesprochen. Das ist volle Aufmerksamkeit ohne Eile.

Natürliche grobmotorische Entwicklung

Warum entschied sich Dr. Pikler für diesen ungewöhnlichen Ansatz, als der Trend doch war, mehr zu stimulieren und mehr zu lehren? Es war das Ergebnis ihrer Studien, ihrer Beobachtungen und ihrer Erfahrung.

Nachdem sie in Wien ihren Abschluß in Medizin gemacht hatte, während sie an der berühmten Pirquet-Klinik arbeitete, begann sie sich besonders für die Physiologie der grobmotorischen Bewegungen zu interessieren – wie es sie bei einem gesunden, gut versorgten Kind gibt, das weder eingeschränkt noch gelehrt wird, im Gegensatz zu der künstlichen Entwicklung, die das Ergebnis von unterstütztem Sitzen, dem absichtlichen In-eine-bestimmte-Haltung-Bringen und dem Gebrauch restriktiver Hilfsmittel (wie Kindersitz oder Gehhilfen) ist.

Dr. Pikler postulierte, dass sich diese zwei verschiedenen Herangehensweisen nicht nur auf die Bewegungsentwicklung auswirken, sondern dass sie auch alle anderen Bereiche des Wachstums beeinflussen – den sozialen, den emotionalen, den kognitiven Bereich und sogar die Charakterbildung. Sie wurde eine Anwältin der „Nichteinmischung" – einer Einstellung, die zulässt, dass sich die Bewegungsentwicklung im Tempo des Kindes vollziehen kann. Wenn man dem Kind erlaubt, sich frei zu bewegen, so ihr Gedanke, dann entwickeln Eltern auch Respekt für das individuelle Tempo und die Eigenart ihres Babys auf anderen Gebieten der Entwicklung.

In ihrer Arbeit mit Familien und im Lóczy machten Dr. Piklers Talente als Forscherin und als Praktikerin, die sich den winzigsten Details der alltäglichen Pflege von Kindern widmete, ihren gesunden Ansatz sowohl praktisch als auch überzeugend. Von vielen Kinder, die im Lóczy aufgewachsen sind – oft Waisen oder Kinder aus schwierigen familiären Verhältnissen – sind Untersuchungen gemacht und ihr Wachstum ist sorgfältig dokumentiert worden. Eine Studie der Weltgesundheitsorganisation (WHO) über Kinder aus dem Lóczy in ihren späteren Lebensjahren zeigt, dass sie anders als Kinder aus den meisten anderen Institutionen zu gesunden, fähigen Individuen heranwuchsen, die in der Lage waren, sich gut an ein Familienleben anzupassen.

Weltweiter Einfluss

Dr. Pikler hat zahlreiche Artikel verfasst und war Beraterin bei neun Filmen über das Lóczy. Ihre Bücher, die in verschiedenene Sprachen übersetzt wurden, umfassen populärwissenschaftliche für Eltern sowie Lehrbücher für Fachleute und wissenschaftliche Monographien. Sie erhielt viele Auszeichnungen und Ehrungen, darunter eine für Medizinische Wissenschaft im Jahre 1968 für ihre Arbeit über die Physiologie der grobmotorischen Entwicklung im Säuglingsalter und in der frühen Kindheit. Doch war sie am meisten von Briefen berührt, die sie aus der ganzen Welt von „Pikler-Babys" bekam, die sie als Erwachsene jetzt um Rat fragten, weil sie ihre eigenen Kinder in der gleichen Weise aufwachsen lassen wollten, wie sie selbst aufwachsen konnten.

Von Ungarn in die Vereinigten Staaten

Seit meiner Zeit mit Dr. Pikler in Ungarn habe ich ihre Philosophie auf meine Arbeit mit Kindern in den USA angewandt. Unsere Organisation in Kalifornien, Resources for Infant Educarers (RIE), entstand aus der Ermutigung, die wir von Eltern und Erziehern bekamen, die unsere Philosophie erfolgreich anwandten und uns drängten, eine Ausbildung für Educarer anzubieten. Vom RIE ausgebildete Educarer und andere haben die Philosophie in der ganzen Welt verbreitet.

Ich habe mich manchmal wie eine Brücke zwischen Dr. Pikler und der amerikanischen Gesellschaft gefühlt. Der Lebenstil in diesem Land macht es sehr schwer, ein Kind so aufwachsen zu lassen, wie Emmi es wollte. Sie hatte das starke Gefühl, dass ein Kind, wenn man ihm einen ruhigen Anfang ermöglicht, einen natürlichen Rhythmus entwickelt und später leichter in ein erwachsenes Leben hineinwachsen kann. Man muss die angeborenen Fähigkeiten eines gesunden, normalen Babys und seinen natürlichen Wunsch zu lernen respektieren und ihnen vertrauen. Mehr braucht man nicht zu tun. Was Kinder brauchen, ist die Gelegenheit und die Zeit, die Welt um sie herum aufzunehmen und zu erforschen.

Das, wofür Dr. Pikler sich einsetzte, scheint das Einfachste und das Natürlichste zu sein, was man tun kann. Aber das ist es nicht, denn unsere Gesellschaft drängt uns ständig. Die Essenz von RIE selbst – eine sichere, ruhige Umwelt zu schaffen, langsam zu werden, achtsam zu sein und den Kindern zu erlauben, sich auf ihre eigene Weise zu bewegen und zu spielen – steht im Widerspruch zu der vorherrschenden Haltung in unserer Gesellschaft. Es ist schwer zu verstehen, warum Menschen sich einer leichteren Lebensweise entgegenstellen, die auch noch zu besseren Ergebnissen führt.

Dr. Pikler war ein Mensch, der 3es vor einem halben Jahrhundert wagte, fest etablierte Ideologien und Praktiken in Frage zu stellen, und ich selbst mache das weiter so. Nach all den Jahren ist es berührend und befriedigend zu sehen, wie die Visionen eines Menschen trotz entgegengesetzter Trends der Gesellschaft überdauern und sich weiter ausbreiten können. Warum sollten Kinder nicht das Beste bekommen, was unsere Gesellschaft ihnen bieten kann?

About RIE

Resources for Infant Educarers (RIE), founded in 1978 by Magda Gerber and Tom Forrest, M.D., is a non-profit membership organization concerned with improving the care and education of infants.

RIE offers parent-infant guidance classes, certification training for professionals, public workshops and conferences, and consultations to and accreditation of infant care centers.

For further information, contact:

Resources for Infant Educarers
1550 Murray Circle
Los Angeles, CA 90026
Tel.: 323-663 5330
Fax: 323-663 5586
www.RIE.org
E-mail: *Educarer@RIE.org*

By becoming a member of RIE, you can participate in RIE's efforts to improve the quality of infant care and help enrich the lives of infants and their fmilies in our communities.

Magda Gerber

Magda Gerber, studierte in den 40er Jahren in Budapest auf Anregung von Dr. Emmi Pikler frühkindliche Erziehung. Ab 1945 arbeitete sie als Assistentin von Dr. Emmi Pikler im Budapester Lóczy-Kinderheim.

Magda Gerber, die in den 50er Jahren in die USA übersiedeln musste, hat die Pikler-Arbeit bis heute in den Mittelpunkt Ihres Schaffens gestellt. Jahrzehntelang hat sie Mütter und Väter darin unterstützt, ihren Kindern den bestmöglichen Start ins Leben zu gewähren.

Magda Gerber ist die Gründerin und ehemalige Leiterin von „Resources for Infant Educarers" (RIE) – einer Einrichtung mit Sitz in Los Angeles, die sich der Säuglingsarbeit im Sinne Emmi Piklers angenommen hat.

Magda Gerber hat die wissenschaftlichen Erkenntnisse Ihrer Arbeit zur Grundlage Ihrer Lehrtätigkeit am Pacific Oaks College in Pasadena, Kalifornien gemacht und auf vielen Konferenzen zur frühkindlichen Erziehung zur Diskussion gestellt. Der Ansatz des RIE hat so in den USA eine weite Verbreitung gefunden.

Über mehrere Jahrzehnte hat Magda Gerber sowohl Kinder und Eltern begleitet als auch im Kontakt mit Institutionen der Kinderbetreuung diverse Betreuungsprogramme ins Leben gerufen.

Befragt zu den Zielen ihrer Arbeit meint Magda Gerber: „Mein Wunsch ist es, Eltern und jene, die mit Kindern arbeiten, darin zu unterstützen, Ihre Kinder besser verstehen zu können. Auch möchte ich Eltern lehren – ein besseres Wort wäre sicher 'sensibilisieren' – sich auf Ihre Kinder einzustimmen. Entfalten sich doch in diesen ersten Monaten und Jahren die Grundlagen des Lebens: Vertrauen, Standhaftigkeit und Optimismus.

Mein Ziel ist es, Eltern in Ihrem Lernen zu begleiten, wie sie mit ihren Kindern von Geburt an respektvoll umgehen können."

Mit Kindern wachsen

Die Zeitschrift für alle,
die mit Kindern neue Wege gehen wollen!

Themen:
• Mit Kindern neue Wege gehen
– Zuhause, im Kindergarten und
in der Schule • Geburt und Stil-
len • Freiheit und Grenzen •
Eltern-Kind-Beziehung • Wie
Kinder lernen • Kreativität und
Medien • sinnvolle Materialien, Produkte
und Ausstattungsgegenstände • Buchbe-
sprechungen und vieles mehr

Mit Beiträgen von:
Anna Tardos, Magda Gerber, Myla & Jon
Kabat-Zinn, Jack Kornfield, Arno Stern, Jes-
per Juul, Katharina Martin, Lienhard
Valentin und anderen.

Mit Kindern wachsen erscheint vierteljährlich.
Zudem gibt es jedes Jahr ein Sonderheft.

Gerne schicken wir Ihnen unser Kennenlernheft!
Bitte DM/sFr 5,- in Briefmarken (öS 40,- in bar) bei-
legen.

Freundeskreis Mit Kindern wachsen e.V.
Am Elzdamm 60
79312 Emmendngen
Fax 07641.933751

Freundeskreis Mit Kindern wachsen e.V.

Immer mehr Eltern, Erzieherinnen und Lehrer spüren die Notwendigkeit, mit Kindern neue Wege zu gehen. Vielleicht stellen auch Sie sich manchmal die Frage, wie es möglich ist, Kinder auf eine Zukunft vorzubereiten, die heute in keiner Weise vorhersehbar ist – die von ihnen aber sicherlich ein hohes Maß von Flexibilität und Kreativität erfordern wird?

Wir glauben nicht, daß es unsere Aufgabe ist, Kinder zu »erziehen«, sie nach unseren Vorstellungen zu lehren, zu bilden, zu formen, sie zu motivieren – ihre Aktivitäten und Entwicklung von außen zu bestimmen, sodass sie einem Bild entsprechen, das wir uns von ihnen machen. Der Kern und die Achse unseres Ansatzes ist vielmehr die Überzeugung, daß Kinder ihr volles Potential in sich tragen.

Den Prozess der inneren und äußeren Neuorientierung im Umgang mit Kindern zu unterstützen und zu begleiten ist unser vorrangiges Anliegen.

Einen Schwerpunkt unserer Aktivitäten bildet die Herausgabe der Zeitschrift *Mit Kindern wachsen*. Diese erscheint viermal im Jahr und zusätzlich gibt es circa einmal im Jahr ein themenbezogenes Sonderheft. Darüber hinaus organisieren wir regelmäßig Seminare und Vorträge mit Anna Tardos, Myla und Jon Kabat-Zinn, Katharina Martin, Lienhard Valentin und anderen, die dabei helfen können, einer neuen inneren Haltung Kindern gegenüber näherzukommen und Schwierigkeiten auf diesem Weg zu überwinden. Darüber hinaus unterstützen wir finanziell das Emmi Pikler Institut (Lóczy) in Budapest.

Wenn Sie an unseren Aktivitäten teilhaben und zur weiteren Entwicklung unserer Zeitschrift beitragen möchten, können Sie Fördermitglied im Freundeskreis werden. Als Fördermitglied erhalten Sie regelmäßig die Zeitschrift *Mit Kindern wachsen* zugesandt. Darüber hinaus erhalten Fördermitglieder Ermäßigungen bei allen Veranstaltungen des Freundeskreises.

Der Beitrag für eine Fördermitgliedschaft ist steuerlich (in Deutschland) voll absetzbar und beträgt mindestens DM/sFr 10,- (ÖS 80) monatlich (inclusive der Zeitschrift *Mit Kindern wachsen*
).

Für Studenten, Alleinerziehende, Arbeitslose oder Sozialhilfeempfänger gilt ein ermäßigter Mitgliedsbeitrag von monatlich DM/sFr 6,- (ÖS 50).

Wir hoffen sehr, daß unsere Arbeit dazu beitragen kann, Kinder in ihrem Wesen besser zu verstehen, ihnen eine Umgebung schaffen zu können, in der sie sich nach ihren eigenen inneren Bedürfnissen entfalten können und Wege zu finden, mit ihnen zu wachsen.

Freundeskreis Mit Kindern wachsen e.V.
Am Elzdamm 60
79312 Emmendingen
Tel 07641.933750
Fax 07641.933751